Portuguese Business Dictionary

Portuguese Business Dictionary

Morry Sofer
MariCarmen Pizarro

Schreiber Publishing
Rockville, Maryland

Portuguese Business Dictionary
Morry Sofer
MariCarmen Pizarro

Published by:

Schreiber Publishing
Post Office Box 4193
Rockville, MD 20849 USA
www.schreiberpublishing.com

All rights reserved. No part of this book may be reproduced or transmitted in any form or by any means, electronic or mechanical, including photocopying, recording or by any information storage and retrieval system without written permission from the publisher, except for the inclusion of brief quotations in a review.

Copyright © 2006 by Schreiber Publishing, Inc.

Library of Congress Cataloging-in-Publication Data

Sofer, Morry.
 Portuguese business dictionary / Morry Sofer, MariCarmen Pizarro.
    p. cm.
 ISBN 0-88400-321-3 (pbk.)
 1. Business—Dictionaries. 2. English language--Dictionaries--Portuguese. 3. Business--Dictionaries--Portuguese. 4. Portuguese language--Dictionaries--English. I. Pizarro, MariCarmen. II. Title.

HF1002.S567 2006
330.03—dc22

2006018572

Printed in the United States of America

Table of Contents

Introduction..7
English into Portuguese.........................9
Portuguese into English....................153

Introduction

Business language around the world in the twenty-first century is in a state of rapid change. This creates the need for new business dictionaries that are not tied to the past but rather reflect the new global economy. This is particularly true in regard to an English-Portuguese business dictionary, which brings together two economic systems that are far from identical. The dictionary covers business terms from both Brazil and Portugal, with a main emphasis on Brazil, an economic giant still looking to fulfill its business potential.

When it comes to technical terminology in general and the business and computer terms in particular, English is the leader in coining new terms, while Portuguese is still in the process of creating such terms. The main corollary of this new reality is that even a new English-Portuguese business dictionary is not going to be exhaustive and definitive. But at least it is a start. It is to be expected that such a dictionary will be updated at least once a year or every two years at the most.

Many of the English business terms in this dictionary are very American-specific. As such, they do not always have equivalent terms in Portuguese and therefore are explained in some detail.

This dictionary covers many areas of business, such as banking, insurance, real estate, export-import, stock market, and more. In addition, several hundred business-related computer and internet terms have been included.

Many of the Portuguese business terms used today are directly copied from English. Some of the English business terms have both a Portuguese term and a term derived from English. The user of this dictionary is advised not to look upon all the Portuguese terms herein included as cast in stone. Some may be questioned by business professionals in Brazil and Portugal. But it goes without saying that the need for this kind of dictionary is urgent and should go a long way in contributing to better trade relations between English-speaking and Portuguese-speaking business partners.

How to Use the Dictionary

The first section of the dictionary—English into Portuguese, includes definitions of American business terms that do not have precise Portuguese equivalents. The second section—Portuguese into English, only provides Portuguese business terms and their American English equivalents. An effective way of using the dictionary is to cross-reference a term in both sections when one looks for further clarification.

The Portuguese terms herein used are invariably Brazilian. Terms specific to Portugal are followed by (P).

English into Portuguese

A

a priori statement
declaração a priori
abandonment
abandono
abandonment clause
cláusula de abandono
abatement
extinção; redução; suspensão; anulação; desconto; abatimento
ABC method
método ABC (custo baseado nas atividades)
ability to pay
poder de pagamento
abort *(computer)*
abortar; anular; cancelar *(computação)*
above the line
receitas ou despesas ordinárias
abrogate
abrogar; anular; cancelar; abolir
absence rate, absenteeism
taxa de ausência
absenteísmo, absentismo
absentee owner
proprietário ausente
absolute advantage
vantagem absoluta
absolute liability
responsabilidade absoluta
absolute sale
venda absoluta; venda incondicional
absorbed
absorvido
absorption costing
custo por absorção
absorption rate
taxa de absorção
abstract of record
resumo dos autos; relatório do processo

abstract of title
certidão de cartório de registro de imóveis; histórico da propriedade
abusive tax shelter
abrigo tributário excessivo; cobertura fiscal excessiva
accelerated cost recovery system (ACRS)
sistema acelerado de recuperação de custo
accelerated depreciation
depreciação acelerada
acceleration
aceleração; antecipação de prazo de investidura de um direito; vencimento antecipado
acceleration clause
cláusula de vencimento antecipado; cláusula de vencimento extraordinário pela qual o não pagamento de uma prestação causa o vencimento de todas as demais
accelerator
acelerador
accelerator principle
princípio acelerador
acceptance
aceite; aceitação
acceptance sampling
amostragem para análise e aceitação
access*(computer)*
acesso; acessar; ter acesso a *(computação)*
access right
direito de acesso
access time
duração do acesso
accession
acessão; acréscimo; adição; adesão
accommodation endorser, maker or party
garante; avalista

accommodation paper
título de crédito abonado
accord and satisfaction
dação em pagamento
account
conta
account executive
executivo de conta; gerente de conta; gestor de clientes
account number
número da conta
account statement
extrato de conta
accountability
responsabilidade sujeita a prestação de contas, prestação de contas
accountancy
profissão de contabilidade; contabilidade
accountant
contador; contabilista
accountant's opinion
relatório do contador ou contabilista
accounting change
mudança de critério contábil
accounting cycle
ciclo contábil
accounting equation
equação contábil
accounting error
erro contábil
accounting method
métodos contábeis
accounting period
exercício financeiro, exercício contábil
accounting principles,
  accounting standards
princípios contábeis
normas contábeis; normas contabilísticas
accounting procedure
procedimento contábil
accounting rate of return
taxa de retorno contabilístico
accounting records
registros e documentos contábeis
accounting software
software contábil

accounting system
sistema contábil
accounts payable
contas a pagar
accounts payable ledger
registro de contas a pagar
accounts receivable
contas a receber
accounts receivable
  financing
financiamento de contas a receber
accounts receivable ledger
registro de contas a receber
accredited investor
Investidor autorizado, investidor confiável
accretion
acessão; acréscimo; aumento; direito de acrescer
accrual method
método de provisão
accrue
acumular; provisionar; reservar; acrescer; vencer; somar; adquirir; incorrer,
accrued interest
juros acumulados; juros vencidos e não pagos; juros vencidos e devidos
accrued liabilities
obrigações provisionadas; passivo acumulado
accrued taxes
impostos a pagar
accumulated depletion
exaustão acumulada
accumulated depreciation
depreciação acumulada
accumulated dividend
dividendos acumulados;dividendo não distribuído
accumulated earnings tax or
  accumulated profits
impostos sobre lucros retidos ou lucros acumulados, ganhos acumulados
acid test ratio
quociente absoluto de liquidez; índice de liquidez seca

acknowledgment
admissão, reconhecimento; declaração; afirmação; confirmação; recebimento
acquisition
aquisição, compra; obtenção, entrada de posse
acquisition cost
custo de aquisição
acre
acre
acreage
área em acres
across the board
incluindo a todos, por completo; em geral
act of bankruptcy
ato de falência; ato de quebra
act of God
ato fortuito; caso fortuito; força maior, forças decorrentes da natureza
activate *(computer)*
ativar (*computação*)
activate a file *(computer)*
ativar um arquivo (*computação*)
activate a macro *(computer)*
ativar uma macro (*computação*)
active cell *(computer)*
célula ativa (*computação*)
active income
renda ativa
active market
mercado ativo
actual cash value
valor real de venda
actual cost
custo real, custo de aquisição
actual damages
danos e perdas efetivos; danos efetivos, reparação de danos diretos
actuarial science
ciência atuária
actuary
atuário; notário; escrivão
ad infinitum
ad infinitum; sem fim; até o infinito; indefinidamente;

ad item
para o litígio; para o processo
ad valorem
ad valorem; proporcional ao valor; segundo o valor; conforme o valor da mercadoria
addendum
adendo; anexo; suplemento
additional first-year depreciation (tax)
depreciação adicional (no primeiro ano) (imposto); depreciação de sobretaxa
additional mark-on
margem de lucro adicional; acréscimo adicional à margem de lucro
additional paid-in capital
capital integralizado adicional
add-on interest
imposto adicional
adequacy of coverage
suficiência de cobertura
adhesion contract
contrato de adesão
adhesion insurance contract
contrato de seguro reajustável, de adesão
adjective law
direito adjetivo; direito adjectivo (P)
adjoining
confinante; adjacente
adjudication
decisão judicial; decisão administrativa; sentença
adjustable life insurance
seguro de vida ajustável
adjustable margin *(computer)*
margem variável (*computação*)
adjustable mortgage loan (AML)
empréstimo com garantia hipotecária ajustável
adjustable-rate mortgage (ARM)
taxa hipotecária ajustável
adjusted basis or adjusted tax basis
base de taxação ajustada; taxa ajustada

adjusted gross income
líquido bruto ajustado; renda bruta ajustada
adjuster
vistoriador
adjusting entry
lançamento de retificação
administer
administrar; gerir; dirigir
administered price
preço controlado; preços regulado; preço controlado pelo governo
administrative expense
despesa administrativa
administrative law
direito administrativo
administrative management society
sociedade de gestão administrativa
administrative services only (ASO)
somente serviços administrativos
administrator
administrador; agente administrativo
administrator's deed
1. escritura; documento do administrador para transferência de uma propriedade; 2. transferência de propriedade como conseqüência de cláusula de testamento
advance
adiantamento; progresso, antecipação; avançar; acelerar; aumentar
advanced funded pension plan
plano de aposentadoria financiado antecipadamente
adversary
adversário; contrário; desfavorável
adverse opinion
parecer adverso; parecer com ressalva; opinião contrária
adverse possession
usucapião de bem imóvel
advertising
anúncio; publicidade,propaganda
advertising appropriation
aplicação de publicidade

affective behavior
comportamento afetivo
affidavit
atestado, declaração juramentada, depoimento juramentado
affiliated chain
cadeia associada
affiliated company
sociedade afiliada; sociedade coligada
affiliated retailer
varejista associado; retalhista associado
affirmative action
ação judicial cabível contra discriminação no mercado de trabalho em função de cor, sexo ou religião; ação antidiscriminatória
affirmative relief
reparação por discriminação
after market
mercado subseqüente
after-acquired clause
cláusula de aquisição subseqüente
after-acquired property
propriedade de aquisição subseqüente
after-tax basis
base após os impostos
after-tax cash flow
fluxo de caixa após impostos
after-tax real rate of return
taxa de lucro real após impostos
against the box
venda de títulos a descoberto
age discrimination
discriminação por idade
agency
agenciamento; representação; agência; entidade pública; órgão público
agency by necessity
representação por necessidade
agent
agente; representante; procurador; mandatário; fiscal
agglomeration
aglomeração; acumulação
agglomeration diseconomies
deseconomias de aglomeração

aggregate demand
demanda global, demanda agregada
aggregate income
receitas conjuntas, receita agregada; renda total
aggregate indemnity (aggregate limit)
indenização total (limite global)
aggregate supply
oferta total; suprimento total
aging of accounts receivable or aging schedule
sistema de classificação de contas a receber por ordem cronológica
agreement
contrato; acordo; pacto; convênio; convenção; concordância
agreement of sale
contrato de venda
agribusiness
agroindústria; negócio agrícola; sociedade agroindustrial
air bill
conhecimento de frete aéreo
air rights
direitos aéreos
air freight
transporte aéreo; frete aéreo
aleatory contract
contrato aleatório; contrato de risco
alien corporation
Sociedade, corporação estrangeira
alienation
alienação; transferência; cessão
alimony
pensão alimentícia; alimentos
all risk/all peril
todos os riscos/ todos os perigos; total
allegation
alegação
allocate
alocar; provisionar; reservar; designar; distribuir
allocated benefits
benefícios alocados
allocation of resources
provisão de recursos

allodial
alodial; livre de encargos
allodial system
sistema alodial
allowance
bonificação, verba, ajuda de custo, fundo, abono ; desconto; concessão provisão; reserva; dotação
allowance for depreciation
reservas para depreciações
allowed time
tempo permitido; tempo concedido; tempo aprovado
alternate coding key (alt key) *(computer)*
tecla ALT (*computação*)
alternative hypothesis
hipótese alternativa
alternative minimum tax
imposto mínimo alternativo
alternative mortgage instrument (AMI)
título hipotecário alternativo
amass
acumular; aglomerar; reunir; juntar
amend
emendar; corrigir; sanar; revisar; alterar
amended tax return
declaração de imposto corrigida
amenities
amenidades; facilidades
American Stock Exchange (AMEX)
bolsa de valores americana
amortization
amortização
amortization schedule
tabela de amortização; mapa de amortização
analysis
análise
analysis of variance (ANOVA)
análise de variança
analysts
analistas
analytic process
processo analítico

analytical review
revisão analítica
anchor tenant
arrendatário principal; rendeiro principal
animate *(computer)*
animar (*computação*)
annexation
anexação
annual basis
bases anuais
annual debt service
serviço anual da dívida
annual earnings
ganhos anuais
annual meeting
reunião anual; assembléia anual; assembléia ordinária
annual mortgage constant
valor hipotecário anual
annual percentage rate (APR)
custo real de juros cobrado ao crédito ao consumidor; taxa real de juros anual
annual renewable term insurance
seguro de vida anual renovável
annual report
relatório anual; balanço anual
annual wage
salário anual; remuneração anual
annualized rate
taxa anualizada
annuitant
beneficiário de anuidade ou anual
annuity
anuidade; prestação anual; renda anual
annuity due
anuidade a pagar no início do ano; anuidade vencida
annuity factor
fator de anuidade
annuity in advance
anuidade antecipada
annuity in arrears
anuidade em atraso; anuidade atrasada
answer
s. resposta; contestação
v. responder por
anticipated holding period
período de manutenção antecipado; período de retenção antecipado; espaço de tempo antecipado em que o capital deve ser mantido para determinar existência de ganhos e perdas
anticipatory breach
quebra antecipada; violação antecipada de contrato; arrependimento contratual
antitrust acts
atos contra o monopólio; atos contra a concorrência desleal ou a especulação do mercado
antitrust laws
leis antimonopólios; leis antimonopolista; leis de defesa da concorrência
apparent authority
autoridade presumida
appeal bond
caução ao recurso; taxa judicial prévia à apresentação de recurso
appellate court (appeals court)
superior tribunal
applet *(computer)*
applet; aplicação (*computação*)
application of funds
aplicação de fundos
application program *(computer)*
programa aplicativo (*computação*)
application software *(computer)*
software aplicativo (*computação*)
application window *(computer)*
janela de aplicação (*computação*)
applied economics
economia aplicada
applied overhead
despesas indiretas aplicadas; encargos indiretos absorvidos no custeio da produção
applied research
pesquisa aplicada
apportionment
divisão; distribuição; rateio; partilha

appraisal
avaliação
appraisal rights
direitos de avaliação independente; direito de um acionista de ter as suas ações compradas pela sociedade
appraise
avaliar
appraiser
avaliador; lançador
appreciate
apreciar; valorizar
appreciation
apreciação; valorização
appropriate
apropriar-se; apossar-se; estabelecer fundo; conceder verba
appropriated expenditure
despesa acumulada reservada
appropriation
apropriação; verba; fundo; distribuição
approved list
lista aprovada
appurtenant
coisa acessória
appurtenant structures
estruturas acessórias
arbiter
arbitro
arbitrage
s. arbitragem
v. compra e venda quase simultânea de títulos e valores em dois mercados diferentes; arbitragem de câmbio ou mercadoria
arbitrage bond
garantia de arbitragem; titulo de arbitragem
arbitration
arbitragem; arbitramento
arbitrator
árbitro; arbitrador
archive storage
armazenagem de arquivos
arm's length transaction
negociação imparcial (negociação que não prejudica a independência das partes contratantes, dentro dos parâmetros de normalidade; transação sem favorecimentos; negócio correto
array
arranjo; matriz; tabela
arrearage
atraso; morosidade
arrears
atrasados; obrigações vencidas e não pagas
articles of incorporation
contrato social; instrumento de constituição de sociedade; carta patente
artificial intelligence (AI)
inteligência artificial
as is
tal qual; nas condições em que se encontra; cláusula que determina o estado da "res"
asked
requerido, solicitado; reclamado
asking price
preço de venda; preço marcado; preço cotado; cotação para venda
assemblage
ajuntamento; assembléia; montagem
assembly line
linha de montagem
assembly plant
fábrica de montagem; usina de montagem
assess
calcular; avaliar; lançar impostos; determinar; fixar; tributar
assessed valuation
tributação oficial; valor venal
assessment
tributação; lançamento; contribuição de melhoria; tombamento; cálculo; taxação; avaliação
assessment of deficiency
avaliação da deficiência
assessment ratio
taxa de incidência de impostos; quociente financeiro
assessment role
listagem dos contribuintes; relatório

de avaliação
assessor
avaliador; perito
asset
ativo
asset depreciation range (ADR)
depreciação de ativos por classe
assign
transferência de propriedade;
transferir; designar; ceder; atribuir
assignee
cessionário
assignment
cessão; transferência; tarefa
assignment of income
transferência de rendimentos
assignment of lease
sub-locação; transferência de contrato
de leasing; cessão de arrendamento
assignor
cedente
assimilation
assimilação; incorporação
association
associação; corporação
assumption of mortgage
assunção de hipotéca
asterisk *(computer)*
asterisco (*computação*)
asynchronous
assíncrono
at par
ao par; ao valor par; ao valor nominal
at risk
a descoberto; em risco
at the close
ordem de compra ou venda pelo
melhor preço no encerramento da
Bolsa.
at the opening
ao preço de abertura
attachment
ato de constrição judicial: penhora;
embargo de bens
attained age
idade atingida
attention
atenção; cuidado

attention line
linha de atenção
attest
atestar; certificar; autenticar
attorney-at-law
advogado
attorney-in-fact
procurador; mandatário
attribute sampling
amostragem de característica;
amostragem de atributos
attrition
redução; desistência; abandono;
evasão
auction or auction sale
leilão; praça; hasta pública
audience
audiência; platéia
audit
auditoria; exame de contas
audit program
programa de auditoria
audit trail
trilhas para auditoria
auditing standards
normas de auditoria; normas de
relatório ; padrões de auditoria
auditor
auditor
auditor's certificate
certidão de auditor
**auditor's certificate, opinion or
 report**
relatório opinião do auditor
authentication
autenticação; certificação;
verificação
**authorized shares or authorized
 stock**
ações autorizadas ou estoque
autorizado
automatic (fiscal) stabilizers
estabilizador (fiscal) automático
automatic checkoff
dedução sindical automática
automatic merchandising
comercialização automática;
merchandising automático

automatic reinvestment
reinvestimento automático
automatic withdrawal
saque automático; retirada automática
auxiliary file *(computer)*
arquivo auxiliar (*computação*)
average
média; avaria
average (daily) balance
saldo médio (diário)
average cost
custo médio; custo aproximado
average down
abaixar a média

average fixed cost
custo fixo médio; percentual de custos fixos sobre o total da produção
average tax rate
taxa efetiva de tributação; taxa média de tributação; taxa de imposto média; relação entre o imposto e a renda sobre o qual incide
avoirdupois
medida de peso utilizada em países de língua inglesa
avulsion
avulsão

B

baby bond
título com valor nominal inferior a 1.000 dólares
baby boomers
baby boomers (a geração dos nascidos entre os anos 40 e 50)
back haul
reenvio
back office
administração; contabilidade; escritório de apoio; escritório administrativo; operações administrativas de apoio
back pay
pagamento de salários atrasados; salário em atraso; salários vencidos não pagos
back up *(computer)*
cópia de segurança *(computação)*
back up withholding
retenção de segurança
backdating
predatar; antedatar
background check
verificação de antecedentes
background investigation
pesquisa de antecedentes
backlog
atraso; arquivo de ordens atrasadas
backslash *(computer)*
barra invertida *(computação)*
backspace key *(computer)*
tecla de retrocesso *(computação)*
backup file *(computer)*
arquivo de segurança *(computação)*
backward vertical integration
integração vertical a montante
backward-bending supply curve
curva de oferta atípica

bad debt
dívida incobrável; débito incobrável; crédito mal parado
bad debt recovery
recuperação, ressarcimento de dívida incobrável
bad debt reserve
provisão de dívida incobrável
bad title
documentação ruim; título injusto
bail bond
carta de fiança; guia de fiança
bailee
depositário
bailment
entrega de bens ou mercadorias sob contrato para cumprir certa condição; depósito; custódia
bait and switch advertising
promoção ou publicidade de certos produtos para atrair a clientela ; publicidade através de produto. dissimulado - bait and switch
bait and switch pricing
fixação de preço de certos produtos para atrair a clientela; Fixação de preço bait and switch
balance
s. saldo; balanço; resíduo; balança
v. balancear; equilibrar; conciliar
balance of payments
balanço de pagamentos; balança de pagamentos
balance of trade
balança comercial
balance sheet
balanço; folha de balanço; balanço comercial; balancete
balance sheet reserve
reservas do balanço comercial
balanced mutual fund
fundo de investimento estável

balloon payment
pagamento de juros e principal conjuntamente por ocasião do termo final de um empréstimo; pagamento maior no final
ballot
voto secreto; total de votos; lista de candidatos; cédula de votação
bandwidth
banda larga
bank
banco
bank holding company
controladora bancária; sociedade bancária de gestão de participações sociais (P)
bank line
linha bancária
bank trust department
departamento fiduciário
banker's acceptance
títulos de crédito a curto prazo com aceite bancário; aceite bancário
bankruptcy
falência; insolvência; quebra; bancarrota
bar
s. 1. tribunal; foro; vara; barra; plenário; 2. advogados;
v. proibir; impedir; excluir; vedar
bar code
código de barras
bar code label *(computer)*
rótulo do código de barras *(computação)*
bargain and sale
compromisso de compra e venda
bargain hunter
barganhista; negociador; investidor que procura, afincadamente, comprar ao menor preço
bargaining agent
negociador autorizado
bargaining unit
representação classista
barometer
barômetro; indicador de uma situação

barter
contrato de troca ou permuta; barganha; escambo
base period
período-base
base rate pay
pagamento de taxa de juros básica
base rent
aluguel básico; arrendamento básico
base-year analysis
análise do ano base
basic input-output system (BIOS) *(computer)*
sistema básico de entrada e saída *(computação)*
basic limits of liability
limites básicos de responsabilidade
basic module *(computer)*
módulo básico *(computação)*
basic operating system *(computer)*
sistema operacional básico *(computação)*
basis
base; fundamento
basis point
ponto base; 1/100 por cento
batch application *(computer)*
aplicação de lote *(computação)*
batch file *(computer)*
arquivo de lote *(computação)*
batch processing
processamento por lotes
battery
lesão corporal; ofensa à integridade física (P)
baud
baud (unidade de medida de velocidade de transmissão de sinais)
baud rate *(computer)*
medida de velocidade de transmissão de informação entre computadores através de linhas telefônicas
bear
v. portar; segurar; conduzir; render; produzir; gerir
s. especulador que atua na baixa
adj. em baixa

bear hug
oferta favorável
bear market
mercado em baixa
bear raid
venda rápida com a finalidade de causar baixa
bearer bond
título de crédito ao portador
before-tax cash flow
fluxo de caixa antes do pagamento de impostos
bellwether
indicador de tendências
below par
com desconto; abaixo do par
benchmark
Comparações com o mercado; comparar-se com a concorrência marcação de nível de excelência
beneficial interest
interesse pecuniário; direito real limitado; direito de usufruto; direito real sobre coisa alheia; direito real fracionário
beneficial owner
usufrutuário; usuário; que tem o direito de usufruto; fideicomissário; beneficiário
beneficiary
beneficiário
benefit
s. benefício; privilégio; lucro
v. beneficiar
benefit principle
princípio da equivalência
Teoria de imposto baseada nos benefícios dos serviços públicos
benefit-based pension plan
plano de aposentadoria baseado em benefícios
benefits, fringe
benefícios adicionais
bequeath
legar um bem móvel
bequest
legado; donativo; doação

best rating
melhor classificação
beta coefficient
coeficiente beta
betterment
benfeitoria; melhoria; melhoramento
biannual
semestral
bid and asked
oferta de compra e de venda
bid bond
fiança de licitação; carta-oferta
bidding up
lances crescentes
biennial
o que ocorre a cada dois anos; bisanual; bienal
big board
bolsa de Nova Iorque
big-ticket items
artigos mais vendidos
bilateral contact
contrato bilateral
bilateral mistake
erro bilateral
bill
projeto de lei; conta; conhecimento; nota; fatura; título de crédito; obrigação; letra
bill of exchange
letra de câmbio
bill of lading
conhecimento de embarque; conhecimento de transporte
billing cycle
ciclo de cobrança; ciclo de faturamento
binder
contrato provisório de seguro; recibo de sinal; arquivo; pasta
bit error rate *(computer)*
taxa de erro por bit; razão do número de bits incorretos recebidos pelo número de bits transmitidos *(computação)*
bit map *(computer)*
mapa de bits *(computação)*

black list
lista negra
black market
mercado negro; mercado paralelo; mercado ilícito
blank cell *(computer)*
célula em branco (*computação*)
blanket contract
contrato múltiplo; contrato de seguro coletivo
blanket insurance
seguro coletivo
blanket mortgage
hipoteca coletiva
blanket recommendation
recomendação coletiva
bleed
sangrar; extorquir
blended rate
taxa combinada
blended value
valor combinado
blighted area
área defeituosa
blind pool
investimento cego
blind trust
fundo sem identificação do detentor
blister packaging
embalagem plástica
block
s. bloco; quantidade relevante de ações; lote; quadra
v. obstruir; estorvar; impedir; bloquear
block policy
política em bloco
block sampling
amostragem em bloco
blockbuster
grande sucesso
blockbusting
de grande demanda
blowout
venda relâmpago de todas as ações em uma oferta de valores
blue collar
trabalhador braçal; operário

blue laws
leis proibitivas
blue-chip stock
ação de primeira linha
blueprint
esquema; modelo pronto; desenho
Blue-Sky Laws
nome popular para as leis estaduais que regulam o mercado de títulos; lei reguladora de venda de acções: regulamento estatal americano sobre títulos e valores
board of directors
diretoria; direção;conselho de administração
board of equalization
conselho de equidade; junta retificadora
boardroom
sala da diretoria
boilerplate
padrão; linguajar padronizado
bona fides
boa-fé
bona fides purchaser
comprador de boa-fé
bond
apólice; fiança; garantia; caução; debênture: obrigação, título
bond broker
corretor de títulos de crédito
bond discount
diferença entre o valor fiscal e o valor de mercado do título; desconto de debêntures ou bônus
bond premium
ágio cobrado na venda de bônus; ágio sobre ações
bond rating
classificação de obrigação
bonded debt
dívida representada por títulos de crédito ou obrigações
bonded goods
bens alfandegados
book
s. livro; registro
v. reservar lugar; tomar nota do nome; contabilizar

book inventory
inventário contábil
book value
valor contábil; valor escritural; valor contabilístico
book-entry securities
valores sem certidão
bookkeeper
contabilista; guarda-livros
bookmark *(computer)*
favoritos (*computação*)
boondoggle
projeto não necessário constituindo péssimo investimento
boot *(computer)*
boot-up; o processo de inicializar ou reinicializar um computador (*computação*)
boot record *(computer)*
registro de boot; registro de inicialização (*computação*)
borrowed reserve
reserva emprestada
borrowing power of securities
capacidade de endividamento de valores
bottom
fundo; mínimo, final
bottom fisher
investidor permanentemente atento a acções que se encontrem a fazer mínimos anuais ou históricos, na expectativa de uma possível inversão de tendência
bottom line
última linha do balanço de ativos e passivos da empresa
Boulewarism
estilo de negociação estabelecido por Lemuel Boulware
boycott
s. boicote
v. boicotar
bracket creep
deslocamento gradual a taxas impositivas mais elevadas
brainstorming
busca de solução; tempestade de idéias

branch office manager
diretor de sucursal
brand
marca; estampa; emblema
brand association
processo de ligação consciente ou inconsciente que o consumidor faz entre a necessidade ou desejo a satisfazer e uma dada marca de produto
brand development
desenvolvimento de marca
brand development index (BDI)
índice de desenvolvimento de marca
brand extension
extensão da marca
brand image
imagem da marca
brand loyalty
lealdade à marca
brand manager
gestor de marca
brand name
marca de uso
brand potential index (BPI)
índice de prestigio da marca
brand share
participação da marca
breach
s. infração; quebra; violação; ruptura
v. violar; quebrar
breach of contract
violação ao contrato; infração contratual; descumprimento de contrato; quebra de contrato
breach of warranty
violação de garantia
breadwinner
assalariado
break
quebra
break-even analysis
análise de nivelamento, análise do ponto de equilíbrio
break-even point
ponto de equilíbrio; ponto crítico; ponto morto

breakup
separação
bridge loan
empréstimo de curto prazo a que o tomador recorre enquanto espera o deferimento de financiamento de longo prazo
brightness *(computer)*
brilho *(computação)*
broken lot
lote incompleto
broker
corretor; agente; despachante
broker loan rate
taxa de empréstimo à corretora
brokerage
corretagem
brokerage allowance
reserva de corretagem
browser *(computer)*
programa usado para navegar na Internet *(computação)*
bucket shop
estabelecimento ilegal de corretagem
budget
orçamento; orçamento de despesas
budget mortgage
hipoteca orçamentária
buffer stock
estoque regulador; ativos reservados para proteger-se das incertezas do mercado
building code
código de edificações
building line
linha municipal
building loan agreement
contrato de empréstimo para a construção de imóveis
building permit
alvará de construção
built-in stabilizer
estabilizador incorporado; estabilizador automático
bull
especulador altista

bull market
mercado altista
bulletin
boletim oficial; órgão de comunicação oficial
bulletin board system (BBS)
BBS - base de dados que pode ser acessada via telefone, onde normalmente são disponibilizados arquivos de todos os tipos, softwares de domínio público e conversas on-line
bunching
agrupamento; aglomeração
bundle-of-rights theory
teoria de conjunto de direitos
burden of proof
ônus da prova
bureau
repartição do governo; órgão administrativo; órgão; escritório
bureaucrat
burocrata
burnout
desgaste
business
s. atividade; comércio; empresa; negócio
adj. comercial
business combination
combinação de negócios
business conditions
condições de negócios
business cycle
ciclo negocial; ciclo econômico
business day
dia útil
business ethics
ética empresarial
business etiquette
regras comerciais
business interruption
interrupção de negócios
business reply card
cartão de resposta comercial
business reply envelope
carta-resposta

business reply mail
correio de resposta comercial
business risk exclusion
exclusão de riscos comerciais
business-to-business advertising
publicidade de negócio a negócio
bust-up acquisition
aquisição fracassada
buy
comprar; adquirir pelo pagamento de um valor
buy down
redução da taxa de interesse
buy in
remição dos bens penhorados pelo executado ou quem tenha o direito de fazê-lo
buy order
ordem de compra
buy-and-sell agreement
opção de venda ou compra
buy-back agreement
contrato de recompra
buyer
comprador; adquirente
buyer behavior
comportamento do comprador
buyer's market
mercado comprador
buying on margin
compra de título de crédito pelo pagamento de parte à vista e parte a crédito; compra de título usando linha de crédito
buyout
compra total; compra do controle acionário de uma empresa por outra
buy-sell agreement
opção de venda ou compra
buzzwords
siglas
by the book
segundo as regras
bylaws
estatutos; regulamentos; contrato social
bypass trust
fideicomisso para evitar o pagamento de impostos sucessivos
by-product
sub-produto; produto derivado

C

C&F
cláusula contratual indicando que o preço dado inclui custo e frete até o destino; custo e frete
cable transfer
transferência telegráfica; transferência por cabo ou telex em operações bancárias com o exterior
cache *(computer)*
caché - parte da memória do computador ou do disco rígido que armazena dados freqüentemente requisitados, de modo a aumentar a rapidez de acessibilidade (*computação*)
cadastre
cadastro imobiliário para fins de pagamento de tributos
cafeteria benefit plan
plano de benefícios
calendar year
ano civil
call
s. chamada; chamada de capital; chamada para pagamento; resgate antecipado; escala; opção de compra
v. chamar; convocar; revogar; demandar
call feature
característica de amortização
call option
opção de compra futura com preço pré-fixado
call premium
ágio; total pago acima do valor real
call price
preço de resgate de uma obrigação ou debênture
call report
relatórios consolidados para bancos com filiais dentro e fora do país

callable
resgatável; exigível; pagável a qualquer tempo
cancel
cancelar; anular; desobrigar; vagar
cancellation clause
cláusula de cancelamento
cancellation provision clause
cláusula provisória de cancelamento
capacity
capacidade; capacidade legal; competência; volume; função
capital
capital; patrimônio; ativo fixo; imobilizado; bens fixos
capital account
conta de capital; balança de capitais
capital assets
ativo fixo; bens de capital
capital budget
orçamento de capital
capital consumption allowance
crédito por consumo de capital; desconto do consumo de capital
capital contributed in excess of par value
contribuição de capital excedente ao valor nominal
capital expenditure
dispêndio de capital; dispêndio com ativos fixos; gastos com inversões de capitais
capital formation
formação de capital
capital gain
mais-valia; ganhos de capital
capital loss
menos-valia
capital goods
bens de capital; bens de produção; bens imobilizados

capital improvement
capital em melhorias; melhoria na estrutura de capitais
capital investment
investimento de capital
capital intensive
intensa capitalização
capital lease
arrendamento de bens do imobilizado; tipo de arrendamento em que o arrendador adquire direitos de propriedade substanciais
capital loss
perda de capital
capital market
mercado de capitais
capital nature flight
fuga de capital
capital rationing
racionamento de capital; contenção de capital; limitação de capital
capital requirement
requerimento de capital
capital resource
recurso de capital; fontes de capital
capital stock
capital social; capital em ações; estoque de capital
capital structure
estrutura de capital
capital surplus
excesso de capital; ágio de capital
capital turnover
giro do capital
capitalism
capitalismo
capitalization rate
taxa de capitalização
capitalize
capitalizar
capitalized value
valor capitalizado, valor atual
caps
limites
caps lock key *(computer)*
tecla caps lock (*computação*)
captive finance company
companhia financeira cativa

cargo
carga
cargo insurance
seguro de carga
carload rate
taxa de carga de um automóvel
carrier
empresa transportadora; transportador; carregador
carrier's lien
direito de retenção pela empresa transportadora
carrot and stick
incentivo a partir de uma punição
carryback
compensação retroativa de tributo
carrying charge
Juros cobrados pelo corretor para carregar uma conta com margem
carryover
transporte; compensação de prejuízos fiscais
cartage
transporte a curta distância
cartel
cartel
case-study method
método de estudo do caso
cash
s. dinheiro em espécie; caixa; disponibilidade financeira; numerário; caixa
v. transformar em dinheiro; descontar um cheque
cash acknowledgement
reconhecimento de efetivo
cash basis
base de caixa; regime de caixa
cash budget
orçamento de caixa
cash buyer
comprador de caixa ou efetivo: orçamento de caixa
cash cow
negócio ou empresa que gera uma continuidade de fluxos de caixa ao longo do tempo

cash discount
desconto para pronto pagamento; desconto do valor da mercadoria concedido pelo pagamento à vista ou antecipado; desconto por pagamento à vista
cash disbursement
desembolso de caixa
cash dividend
dividendos em dinheiro
cash earnings
resultado da soma do resultado líquido corrigido com as amortizações e provisões do exercício
cash equivalence
investimentos altamente líquidos
cash flow
fluxo de caixa; retorno em dinheiro produzido por um bem ou coisa, independente do pagamento de impostos
cash market
mercado à vista
cash on delivery (COD)
pagamento no ato da entrega; entrega contra reembolso; reembolso postal; pagamento contra entrega
cash order
ordem à vista
cash payment journal
livro de pagamento à vista
cash position
grau de liquidez; posição de caixa
cash ratio
quociente de caixa
cash register
caixa registradora
cash reserve
encaixe excedente; reserva de caixa
cash surrender value
valor de resgate de um seguro a ser pago pela companhia seguradora; valor real de resgate
cashbook
livro--caixa
cashier
caixa
cashier's check
cheque bancário
casual laborer
trabalhador eventual; trabalhador temporário
casualty insurance
seguro contra acidentes; seguro de responsabilidade civil
casualty loss
perda advinda de caso fortuito ou força maior; prejuízo acidental
catastrophe hazard
perigo de catástrofe
catastrophe policy
política de catástrofe
cats and dogs
« Gatos e Cachorros » - Gíria designando ações altamente especulativas, de baixo preço e que não pagam dividendos
cause of action
causa de pedir; possibilidade jurídica do pedido; causa e efeito
CD-writer *(computer)*
gravador de CD *(computação)*
CD-burner *(computer)*
queimador de CD *(computação)*
cell definition *(computer)*
definição de célula *(computação)*
cell format *(computer)*
formato da célula *(computação)*
censure
censura
central bank
banco central
central business district (CBD)
centro principal
central buying
central de compras
central planning
planejamento centralizado
central processing unit (CPU) *(computer)*
CPU (unidade central de processamento) *(computação)*

central tendency
tendência central
centralization
centralização
certificate of deposit (CD)
certificado de depósito bancário
certificate of incorporation
contrato social; certificado de
constituição de sociedade comercial;
contrato de sociedade
certificate of occupancy
habite-se
certificate of title
escritura; certidão de titularidade
certificate of use
certidão de uso
certification
1. recurso judicial
2. certificação; atestação;
autenticação; verificação; asseveração
certified check
cheque visado
certified financial statement
estado financeiro autorizado;
relatório financeiro auditado
certified mail
correspondência postal com aval de
recebimento
chain feeding
cadeia alimentar
chain of command
cadeia de comando
chain store
filial de cadeia de lojas; cadeia de lojas
chairman of the board
presidente da diretoria
chancery
equidade; tribunal de equidade;
jurisdição de equidade
change
1. substituição; mudança; alteração;
modificação; aditamento; variação;
troca; câmbio
2. alterar; modificar; mudar;
substituir; vagar
**change of beneficiary
 provision**
cláusula de troca de beneficiário

channel of distribution
canal de distribuição
channel of sales
canal de vendas
character *(computer)*
caractere (*computação*)
charge
s. despesa; encargo; gravame;
responsável; acusação
v. onerar; cobrar; acusar; tributar;
denunciar; faturar; demandar; debitar;
comprar a crédito
charge buyer
comprador encarregado
chart *(computer)*
gráfico; diagrama (*computação*)
chart of accounts
plano de contas; lista de contas
charter
s. carta-patente; escritura pública;
alvará; documento constitutivo;
contrato de fretamento
v. alugar; arrendar; fretar
chartist
analista de mercado
chat forum *(computer)*
fórum de bate-papo (*computação*)
chattel
bem móvel; semovente; mobiliário;
mobiliária; móvel
chattel mortgage
alienação fiduciária; reserva de
domínio; penhor de bens móveis;
hipoteca
chattel paper
contrato pignoratício; título de
crédito representativo de uma
obrigação caucionada
check
s. cheque; prova
v. conferir; verificar; examinar;
supervisionar; controlar
check digit
dígito de verificação
check protector
protetor de cheques
check register
livro de cheques

check stub
canhoto de cheque
check-kiting
giro de cheques sem fundos
Chief Executive Officer (CEO)
diretor geral; executivo principal
Chief Financial Officer (CFO)
diretor financeiro principal: diretor de finanças
Chief Operating Officer (COO)
executivo operacional principal; chefe de operações
child and dependent care credit
crédito por cuidado de crianças e dependentes
chi-square test
teste qui-quadrado
chose in action
coisa litigiosa; direito e ação; direito de ação para pedir bem móvel ou imóvel que não está na posse de autor
churning
venda discricionária de títulos; abuso de confiança praticado pelo corretor
CIF
cláusula contratual indicando que o valor declarado cobre o preço das mercadorias, o seguro e o frete, até o destino citado; custo, seguro e frete
cipher
cifra; código
circuit
circunscrição; vara; juízo; circunscrição judiciária
circuit board
placa de circuito
circuit board *(computer)*
placa de circuito (*computação*)
civil law
direito civil
civil liability
responsabilidade civil; ressarcimento do dano
civil penalty
penalidade civil

claim
pedido; ação judicial; questão; demanda; alegação; reivindicação; pedido de indenização; direito de pagamento ou ressarcimento
class
classe; classificação
class action b shares
ações de classe B
classification
classificação
classified stock
ações classificadas
clause
cláusula; artigo, parágrafo
clean
limpo; desonerado; livre; sem problemas
clean hands
mãos limpas; presunção de boa conduta necessária para argüir direito de equidade
cleanup fund
fundo de eliminação
clear
claro; evidente; certo; líquido; ilimitado; livre; indubitável
clear title
título justo
clearance sale
liquidação
clearinghouse
câmara de compensação de cheques
clerical error
erro administrativo; erro material; erro escritural
clerk
funcionário; empregado; oficial de justiça; escrevente; escriturário; secretário; auxiliar de escritório; servidor
client
cliente
clipboard *(computer)*
tipo especial de área de memória temporária. É utilizada para armazenar textos ou gráficos recortados ou copiados de um documento, para ser utilizado em outro local do mesmo ou em outro documento qualquer (*computação*)

close
s. porção de terra
v. fechar; concluir; terminar; completar; impedir; barrar; parar; restringir; aproximar-se
close corporation plan
plano de sociedade de capital fechado
close out
conclusão
closed account
conta encerrada
closed economy
economia fechada
closed stock
mercadorias vendidas de forma fechada
closed-end mortgage
hipoteca única; hipoteca com limite fixo de valor
closed-end mutual fund
fundo de investimento fechado
closely held corporation
sociedade de capital fechado
closing
encerramento; fechamento
closing agreement
acordo final; acordo de fechamento; contrato estabelecendo os particulares de um negócio maior; como por exemplo, a ordem de assinatura de contratos e quem deverá representar as partes
closing cost
custo de fechamento; despesa de legalização da compra de um bem imóvel
closing date
data de encerramento
closing entry
registro de fechamento; lançamento de encerramento
closing inventory
estoque final
closing price
preço de fechamento
closing quote
cotação de fechamento

closing statement
balanço de fechamento; relatório de atos relativos à compra de imóvel
cloud on title
dúvida a respeito da qualidade do título; título onerado por vício, defeito, ônus ou gravame
cluster analysis
análise de segmentos
cluster housing
vivendas em grupo
cluster sample
amostragem em grupo
cluster sampling
amostragem por conglomerados
code
código
code of ethics
código de ética
codicil
codicilo
coding of accounts
codificação de contas; classificação das contas
coefficient of determination
coeficiente de determinação
coinsurance
co-seguro, seguro conjunto
collateral assignment
cessão do apólice como garantia
cold canvass
escrutínio não requerido
collapsible corporation
sociedade mercantil acidental
collateral
colateral; garantia; caução; ativo específico utilizado como forma de garantia de um empréstimo; garantia subsidiária
collateralize
garantir
collateralized mortgage obligation (CMO)
título de crédito garantido por hipotecas; hipotecas securitizadas; obrigações hipotecárias garantidas
colleague
colega

collectible
cobrável
collection
arrecadação; cobrança
collection ratio
quociente de cobrança
collective bargaining
negociação coletiva; acordo entre empregador e empregados
collusion
colusão; conivência; conluio
collusive oligopoly
oligopólio conluio
column chart/graph *(computer)*
gráfico de colunas (*computação*)
combinations
combinações; associações; ajustes; acordos; consórcios
comfort letter
carta que expressa a opinião do emitente de que certas condições estão sendo ou serão executadas
command
s. ordem; comando; mandamento
v. requisitar; tomar; apossar
command economy
economia de controle
commencement of coverage
termo inicial da cobertura
commercial
comercial; mercantil
commercial bank
banco comercial
commercial blanket bond
fiança geral comercial
commercial broker
corretor
commercial credit insurance
seguro de crédito comercial
commercial forgery policy
seguro contra a falsificação comercial
commercial forms
formulários comerciais
commercial health insurance
seguro de saúde comercial
commercial law
direito comercial

commercial loan
empréstimo entre bancos; empréstimo comercial
commercial paper
título de crédito freqüentemente de curto prazo; documento negociável; instrumento representativo de uma obrigação pecuniária de uma sociedade comercial
commercial property
propriedade comercial
commercial property policy
política de propriedade comercial
commingling of funds
confusão
commission
comissão; carta precatória
commission broker
corretor de valores
commitment
compromisso; obrigação contratual; ordem de detenção ou internação
commitment free
livre de compromisso
commodities futures
mercado a futuro
commodity
mercadorias negociáveis; artigo de consumo; utilidade; bem móvel
commodity cartel
cartel de mercadorias
common area
área comum
common carrier
empresa de transportes públicos; concessionário de transportes
common disaster clause
cláusula de comoriência
survivorship clause
cláusula de sobrevivência
common elements
elementos comuns
common law
direito comum; direito consuetudinário; direito costumeiro
common stock
ações ordinárias

common stock equivalent
títulos conversíveis em ações ordinárias
common stock fund
fundo de ações comuns
common stock ratio
quociente de ações comuns
communications network
rede de comunicação
communism
comunismo
community association
associação comunitária
community property
comunhão de bens; bem em comunhão
commutation right
direito de comutação
commuter
comutador
commuter tax
imposto comutador
co-mortgagor
co-devedor hipotecário
company
companhia; empresa; sociedade; negócio
company benefits
benefícios pagos pela empresa
company car
carro da empresa
company union
sindicato de empresas (cujos membros são todos empregados da mesma companhia)
comparable worth
valor comparativo
comparables
comparáveis
comparison shopping
tendência a comparar preços e condições de venda
comparative financial statements
demonstrações financeiras comparativas
comparative negligence
negligência proporcional

compensating balance
saldo exigido a título de reciprocidade
compensating error
erro compensatório
compensation
compensação; indenização; ressarcimento; remuneração; contraprestação
compensatory stock options
opções de compra de ações
compensatory time
tempo compensatório
competent party
parte competente
competition
competição; concorrência
competitive bid
leilão competitivo; oferta competitiva
competitive party
parte competitiva
competitive party method
método de parte competitiva
competitive strategy
estratégia competitiva
competitor
competidor
compilation
compilação; codificação; reunião
compiler
compilador
complex capital structure
estrutura complexa de capital
complete audit
auditoria completa
completed contract method
método de contrato concluído
completed operations insurance
seguro de operações concluídas
completion bond
seguro de garantia
complex trust
fideicomisso estrangeiro
compliance audit
auditoria de adimplemento; auditoria de cumprimento das políticas
compliant
submissivo; obediente; respeitoso

component part
componente
composite depreciation
taxa composta de depreciação
composition
composição; acordo; ajuste
compound growth rate
taxa de crescimento composta
compound interest
juro capitalizado; juros sobre juros; juros compostos
compound journal entry
registro do jornal composto
comprehensive annual financial report (CAFR)
relatório financeiro anual em detalhe
comprehensive insurance
seguro total
compress *(computer)*
programas de compactação e descompactação (*computação*)
comptroller
auditor; controlador
compulsory arbitration
arbitragem compulsória
compulsory insurance
seguro obrigatório
compulsory retirement
aposentadoria obrigatória
computer
computador
computer-aided *(computer)*
assistido por computador (*computação*)
concealment
ocultação
concentration banking
banca de concentração
concept test
prova de conceito
concern
empresa; assunto, interesse, participação
concession
concessão
conciliation
conciliação; acordo; ajuste

conciliator
conciliador
condemnation
condenação; desapropriação
condition precedent
condição anterior à celebração de um ato jurídico
condition subsequent
condição posterior à celebração de um ato jurídico
conditional contract
contrato condicional
conditional sale
venda condicionada
conditional-use permit
licença de uso condicional
conference call
conferência telefônica; reunião telefônica (P)
confidence game
conto do vigário
confidence interval
intervalo de confiança
confidence level
nível de confiança
confidential
confidencial; em confiança; secreto
confirmation
confirmação; aprovação; ratificação
conflict of interest
conflito de interesses
conformed copy
cópia fiel
confusion
confusão
conglomerate
conglomerado
conservatism
conservadorismo
conservative
conservador
consideration
contraprestação contratual; remuneração; pagamento; causa; razão
consignee
consignatário; consignatário de

mercadorias
consignment insurance
seguro de consignação
consignor
consignador; consignante
consignment
expedição; consignação
consistency
uniformidade
console
consola
consolidated financial statement
relatórios finaceiros consolidados
consolidated tax return
declaração de imposto de renda conjunta de empresas afiliadas; declaração de imposto de renda consolidada
consolidation loan
empréstimo consolidado
consolidator
consolidador
consortium
consórcio; direitos conjugais; deveres conjugais
constant
constante
constant dollars
dólares constantes
constant-payment loan
crédito de pagamento constante
constituent company
companhia dentro de um grupo de afiliados
constraining factor
fator limitativo
limiting factor
fator limitativo
construction loan
empréstimo para construção
constructive notice
presunção de conhecimento
constructive receipt of income
percepção de rendas para efeitos contributivos
consultant
assessor; consultor

consumer
consumidor
consumer behavior
comportamento do consumidor
consumer goods
bens de consumo
consumer price index (CPI)
índice de preços ao consumidor
consumer protection
proteção ao consumidor
consumer research
pesquisa do consumidor
consumerism
consumismo
consumption function
função de consumo
container ship
navio porta contentores
contestable clause
cláusula discutível; cláusula de contingência
contingency fund
fundo de contingências
contingency planning
planejamento das contingências
contingency table
tabela de contingência
contingent fee
honorários advocatícios percentuais sobre o total da causa; taxas contingentes
contingent liability
passivo contingente; responsabilidade incerta, condicionada
contingent liability
passivo contingente
continuing education
educação continuada
continuity
continuidade
continuous audit
auditoria contínua
continuous process
processo contínuo
continuous production
produção contínua

contra-asset account
contra-conta
contract
contrato; instrumento representativo do contrato
contract carrier
contrato de transporte
contract of indemnity
contrato de indenização
contract price (tax)
preço do contrato (imposto)
contract rate
taxa do contrato
contract rent
arrendamento estabelecido no contrato
contraction
redução
contractor
contratante; empreiteiro
contrarian
aquele que toma a posição contrária à opinião da maioria para capitalizar em situações de compra ou venda excessivas
contrast *(computer)*
contraste *(computação)*
contribution
contribuição; margem de contribuição; participação; cota; contributo
contribution profit, margin
margem de contribuição
contributory negligence
parcela de negligência atribuível ao agente
contributory pension plan
plano de aposentadoria contribuinte
control
s. controle; domínio
v. controlar; dominar
control account
conta de primeiro grau; conta-controle; conta de controle, conta geral
control key (Ctrl) *(computer)*
tecla CONTROL *(computação)*

controllable costs
custos controláveis
controlled company
companhia dirigida
controlled economy
economia dirigida
controller
auditor; controlador
controlling interest
acionista controlador; posição controladora
convenience sampling
amostragem de conveniência
conventional mortgage
hipoteca convencional
conversion
conversão ilícita; apropriação indébita; conversão; furto
conversion cost
custo de conversão; custo de transformação
conversion factor for employee contributions
fator de conversão para contribuições do empregado
conversion parity
paridade de conversão
conversion price
preço de conversão
conversion ratio
relação de conversão
convertible term life insurance
seguro de vida a prazo fixo convertível
convertibles
convertíveis
convey
entregar; transferir; alienar
conveyance
transferência da propriedade; título translativo da propriedade; transmissão de propriedade; escritura de transmissão de propriedade
cooling-off period
período em que é possível o arrependimento; período de espera; período de carência

co-op
cooperativa, cooperado, em conjunto
cooperative
cooperativa; cooperativo
cooperative advertising
publicidade corporativa
cooperative apartment
apartamento cooperativo
copy-protected *(computer)*
proteção de cópia *(computação)*
copyright
direitos autorais; direito do autor (P)
cornering the market
monopolizando o mercado
corporate bond
obrigação ao portador
corporate campaign
campanha corporativa
corporate equivalent yield
rendimento equivalente corporativo
corporate strategic planning
planejamento estratégico corporativo
corporate structure
estrutura empresarial
corporate veil
véu corporativo
corporation
pessoa jurídica; sociedade comercial de capital; sociedade anônima; empresa; entidade legal; corporação
corporeal
corpóreo; material
corpus
corpo; matéria; capital de um espólio, fundo ou fideicomisso; o principal
correction
correção
correlation coefficient
coeficiente de correlação
correspondent
correspondente
corrupted *(computer)*
danificada *(computação)*
cosign
avalizar
cost
s. custo; custas; preço

v. custear
cost accounting
contabilidade de custos
cost application
apropriação de custos
cost approach
enfoque de custos
cost basis
base de custo
cost center
centro de custos
cost containment
controle de custos
cost method
método de custo
cost objective
objetivo de custos
cost of capital
custo de capital
cost of carry
custo de carregamento
cost of goods manufactured
custo das mercadorias fabricadas
cost of goods sold
custo das mercadorias vendidas
cost overrun
custos superiores às receitas
cost records
registros de custos
cost-benefit analysis
análise custo-benefício
cost-effectiveness
custo-benefício
cost-of-living adjustment (COLA)
ajuste do custo de vida
cost-push inflation
inflação de custos
co-tenancy
co-propriedade
cost-plus contract
contrato por administração; contrato ao custo mais determinada margem
cottage industry
indústria caseira
counsel
advogado; conselheiro; patrono da causa; consultor jurídico

counterclaim
reconvenção
countercyclical policy
política de compensação
counterfeit
s. falso; falsificado; contrafeito
v. imitar; plagiar; copiar; falsificar
countermand
s. contra-ordem
v. revogar; dar contra ordem
counteroffer
contra-proposta
coupon bond
obrigação ao portador com cupons destacáveis
court of record
tribunal superior de um distrito ou de um condado
covariance
covariância
covenant
1. acordo; convenção; pacto; contrato; promessa; cláusula; compromisso
2. cláusula pela qual a parte promete por si, seus herdeiros e sucessores
3. cláusula de salvaguarda
covenant not to compete
convênio de não competência ; cláusula de não concorrência
cover
cobrir; proteger; segurar
covered option
opção coberta
cracker
pessoa que invade o sistema de segurança de um computador ou rede de computadores com o objetivo de roubar, destruir ou apagar informações
craft union
sindicato
crash *(computer)*
travamento *(computação)*
creative black book
livro negro criativo
creative financing
financiamento criativo
credit
s. crédito
v. creditar
credit analyst
analista de crédito
credit balance
saldo credor
credit bureau
serviço de proteção ao crédito; empresa que faz o cadastro de pessoas que solicitam crédito; agência de crédito
credit card
cartão de crédito
credit order
ordem de crédito
credit rating
classificação do crédito; capacidade de crédito
credit requirements
requerimentos para crédito
credit risk
risco de crédito
credit union
cooperativa de crédito e poupança
creditor
credor
creeping inflation
inflação lenta
critical path method (CPM)
método do caminho crítico
critical region
região crítica; região de rejeição
crop *(computer)*
cortar; aparar uma imagem ou página *(computação)*
cross
adj. cruzado; oposto; contrário; adverso; contrariado
v. cruzar
cross merchandising
ações promocionais realizadas por duas ou mais empresas, visando agregar valor às duas marcas /

produtos, utilizando-se da força individual de cada uma, junto ao segmento objetivado
cross purchase plan
plano de compras cruzado
cross tabulation
agregação de duas ou mais dimensões
cross-footing
soma horizontal
crowd
aglomeração; multidão
crowding out
efeito de deslocamento
crown jewels
propriedade mais valorizada
crown loan
empréstimo mais valorizado
cum dividend
com dividendo
cum rights
com direitos
cum warrant
com garantia
cumulative dividend
dividendos cumulativos
cumulative liability
obrigação cumulativa
cumulative preferred stock
ações preferenciais
cumulative voting
votação cumulativa
curable depreciation
depreciação corrigível
currency futures
futuros de moeda
currency in circulation
circulação monetária; moeda em circulação
current
corrente; atual
current asset
ativo circulante; ativo realizável a curto prazo
current assumption whole life insurance
assunção corrente do seguro de vida total

current cost
custo corrente; custo atual
current dollars
dólares atuais
current liabilities
passivo circulante; dívida a curto prazo
current market value
valor atual no mercado
current ratio
coeficiente de liquidez; índice de liquidez corrente; rácio de liquidez geral
current value accounting
contabilidade a valores atuais
current yield
ganho corrente; margem de ganho; remuneração; taxa de rendimento corrente
cursor *(computer)*
cursor do mouse *(computação)*
curtailment in pension plan
redução do plano de aposentadoria
curtesy
direito real que cabe ao marido sobre os imóveis pertencentes à sua mulher em separado, e no qual se investe após o falecimento da mesma
curtilage
área adjacente a dormitórios
custodial account
conta de custódia
custodian
curador; custodiante; administrador; guarda
custody
custódia; guarda; tutela
customer profile
perfil do consumidor; perfil do cliente
customer
freguês; cliente
customer service
serviço do cliente
customer service representative
representante de serviço ao cliente

customs
imposto de importação, exportação; taxas alfandegárias; taxas aduaneiras
customs court
tribunal competente para questões aduaneiras
cutoff point
ponto de corte
cyberspace *(computer)*
ciberespaço *(computação)*
cycle billing
cobrança de ciclo; faturamento
cíclico
cyclic variation
variação cíclica
cyclical demand
demanda cíclica
cyclical industry
indústria cíclica
cyclical stock
ações cíclicas
cyclical unemployment
desemprego cíclico

D

daily trading limit
limite de comercio diário
daisy chain
ligação de vários equipamentos em série
damages
1. perdas; danos; prejuízos
2. indenização; ressarcimento do dano; satisfação do dano; pagamento por perdas e danos; reparação por perdas e danos.
data
dados; dados contados para uso específico; informações
data collection *(computer)*
recolha de dados *(computação)*
data maintenance *(computer)*
manutenção de dados *(computação)*
data processing insurance
seguro de processamento de dados
data retrieval *(computer)*
recuperação de dados *(computação)*
data transmission *(computer)*
transmissão de dados *(computação)*
database
arquivo de dados; banco de dados; base de dados
database management
administração de banco de dados
date of issue
data de emissão
date of record
data de registro
dating
datação
de facto corporation
corporação de fato; empresa de fato
dead stock
estoque morto
dead time
tempo morto

deadbeat
caloteiro
dead-end job
trabalho sem futuro
deadhead
flutuante
deadline
limite de prazo; termo final; prazo fatal
dealer
negociante; comerciante; revendedor, aquele que compra para vender
death benefit
indenização por morte, paga pela seguradora ou pelo empregador aos beneficiário
debasement
aviltamento; redução na qualidade
debenture
debênture; ativos emitidos por sociedade para angariar recursos
debit
s. débito; deve; devedor(a)
v. debitar
debit memorandum
memorando de débito
debt
dívida; débito; obrigação
debt coverage ratio
quociente de cobertura de dívidas
debt instrument
título de dívida
debt retirement
resgate da dívida
debt security
título de dívida
debt service
serviço da dívida; dispêndio com pagamento de juros de uma dívida

debtor
devedor executado no ato de execução judicial
debt-to-equity ratio
índice de endividamento; dívidas sobre o patrimônio
debug *(computer)*
depurar; eliminar defeitos; remover erros *(computação)*
decentralization
descentralização
deceptive advertising
publicidade enganosa, fraudulenta
deceptive packaging
embalagem falsa, enganosa
decision model
modelo de decisão
decision package
conjunto de decisões; pacote de decisões
decision support system (DSS)
sistema de apoio à decisão; sistema que ajuda na escolha de várias alternativas
decision tree
tipo de fluxuograma que sumariza uma seqüência potencial de decisões e mostra suas possíveis conseqüências
declaration
declaração; petição inicial; termo legal
declaration of estimated tax
declaração de imposto de renda estimado
declaration of trust
declaração de fideicomisso
declare
declarar; tornar manifesto ou claro
declining-balance method
método de saldos decrescentes
decryption *(computer)*
desencriptação; decodificação de dados *(computação)*
dedicated line
linha dedicada
dedication
1. doação de imóvel para uso comum do povo
2. dedicação; consagração
deductibility of employee contributions
dedução das contribuições dos empregados
deduction
dedução; abatimento; desconto
deductive reasoning
razoamento dedutivo
deed
escritura; documento; contrato; título translativo; instrumento legal; pacto ou convenção
deed in lieu of foreclosure
escritura em vez de penhora de uma hipoteca
deed of trust
escritura de fideicomisso
deed restriction
restrição de escritura
deep discount bond
obrigação emitida a um preço muito abaixo do seu valor nominal por possuir uma taxa de cupão muito baixa face às condições do mercado
defalcation
desfalque; redução; reconvenção
default
s. inadimplência; falta de pagamento; falha; omissão; negligência; revelia
v. inadimplir
default *(computer)*
por omissão *(computação)*
default judgment
sentença declaratória de inadimplemento; sentencia contumacial
defeasance
1. revogação; ab-rogação; anulação; cancelamento; resolução
2. cláusula ou contrato acessório de revogação do contrato principal
defective
defeituoso; deficiente; viciado; imperfeito
defective title
documentação inábil

defendant
réu; indiciado; acusado
defense of suit against insured
defesa de litígio contra o assegurado
defensive securities
valores mobiliário estáveis
deferred account
conta diferida
deferred billing
faturamento diferido
deferred charge
resultado pendente
deferred compensation
compensação diferida
deferred compensation plan
plano de compensação diferida
deferred contribution plan
plano de contribuição diferida
deferred credit
crédito diferido
deferred group annuity
anuidade grupal postergada ou diferida
deferred interest bond
título de crédito com juros diferidos
deferred maintenance
manutenção diferida
deferred payments
pagamento protelado
deferred profit-sharing
participação em lucros diferida
deferred retirement
aposentadoria diferida
deferred retirement credit
crédito por aposentadoria diferida
deferred wage increase
aumento de salário diferido
deferred-payment annuity
anuidade de pagamentos diferidos
deficiency
deficiência; insuficiência
deficiency judgment
sentença que condena o devedor a pagar a diferença entre o valor entregue e o valor real
deficiency letter
notificação de deficiência ; notificação legal de que o devedor não pode

cumprir um compromisso
deficit
déficit;falta; prejuízo
deficit financing
financiamento de déficit
deficit net worth
valor neto negativo
deficit spending
despesas deficitárias
defined contribution pension plan
plano de pensão com distribuições diferidas
defined-benefit pension plan
plano de pensão com prestações diferidas
deflation
deflação
deflator
deflacionador; deflator
defunct company
empresa morta
degression
diminuição
deindustrialization
desindustrialização
delegate
s. delegado
v. delegar
delete *(computer)*
apagar; suprimir; anular; delir *(computação)*
delete key (del *(computer)***)**
tecla DELETE (DEL *(computação)*)
delinquency
delinqüência; não cumprimento do dever ou da obrigação; morosidade
delinquent
moroso, atrasado
delisting
eliminação de um valor mobiliário da lista de cotações da Bolsa
delivery
entrega; fornecimento; tradição
delivery date
data de entrega
demand
s. demanda; procura

v. demandar; exigir; chamar a juízo; citar
demand curve
curva de procura
demand deposit
depósito à vista; depósito à ordem; conta de movimento; depósito em conta corrente
demand loan
empréstimo em aberto; empréstimo sem vencimento
demand note
nota promissória à vista
demand price
preço de demanda
demand schedule
curva da demanda
demand-pull inflation
inflação da demanda
demarketing
demarketing (o processo de desencorajamento dos consumidores, quer de comprar, quer de consumir um determinado produto)
demised premises
instalações legadas; instalações arrendadas
demographics
dado demográfico
demolition
demolição; destruição
demonetization
desmonetização
demoralize
desmoralizar
demurrage
pagamento por demora; valor devido pela retenção do navio no porto além do tempo permitido pelo contrato de arrendamento; retenção do navio no porto além do tempo contratado com o locador
demurrer
contestação; exceção; defesa indireta de mérito; objeção
denomination
denominação; designação; classe; categoria

density
densidade
density zoning
zoneamento de densidade
department
departamento; secretaria de estado
dependent
dependente; subordinado
dependent coverage
cobertura condicionada
depletion
exaurimento
deposit
s. depósito
v. depositar
deposit administration plan
plano de administração de depósitos
deposit in transit
depósito em trânsito
deposition
depoimento; tomada de testemunho
depositors forgery insurance
seguro contra falsificação de depositantes
depository trust company (DTC)
instituição fiduciária de depósitos
depreciable life
vida depreciável
depreciable real estate
bem imóvel depreciável
depreciate
depreciar
depreciated cost
custo depreciado
depreciation
depreciação; amortização; desvalorização
depreciation recapture
recuperação de depreciação
depreciation reserve
reserva para depreciação
depression
depressão
depth interview
entrevista em profundidade
deregulation
desestatização

derived demand
demanda derivada pela demanda de um outro produto ou serviço
descent
sucessão hereditária
description
descrição
descriptive memorandum
memorando descritivo
desk
escrivaninha; balcão
desktop publishing
editoração eletrônica
descriptive statistics
estatística descritiva
destination file (network) (computer)
arquivo de destino (rede) (computação)
detail person
pessoa selecionada
devaluation
desvalorização
developer
promotor; fomentador; idealizador; realizador; criador; loteador
development
desenvolvimento
development stage enterprise
companhia em desenvolvimento
developmental drilling program
programa de sondagens de exploração
deviation policy
política de desviação
devise
s. cessão; legado de bem imóvel; testamento de imóveis
v. idealizar; imaginar; planejar
disability benefit
benefícios por incapacidade ou invalidez
diagonal expansion
expansão diagonal, fazer os negócios crescerem com novos produtos usando os mesmos meios de produção
dial-up
acesso comutado; conexão por discagem entre computadores
diary
diário
differential advantage
vantagem diferencial
differential analysis
análise diferencial
differentiation strategy
estratégia diferencial
digits deleted
dígitos suprimidos
dilution
diluição
diminishing-balance method
método de saldo descrescente
diplomacy
diplomacia
direct access
acesso direto
direct charge-off method
método de amortização direto
direct cost
custo direto
direct costing
custeio direto
direct financing lease
arrendamento de financiamento direto
direct investment
investimento direto
direct labor
mão-de-obra direta; custo direto de pessoal de produção
direct liability
responsabilidade direta; obrigação direta
direct marketing
comercialização direta; marketing direto
direct material
material direto
direct overhead
despesas diretas de fabricação
direct production
produção direta
direct response advertising
publicidade de resposta direta
direct sales
vendas diretas

direct-action advertising
publicidade de ação direta
directed verdict
nos casos de alçada do júri, quando o autor não apresenta as provas necessárias, o juiz pode instruir o júri para que de um veredicto absolvendo o réu
director
diretor
directorate
conselho administrativo
direct-reduction mortgage
hipoteca de redução direta
disability buy-out insurance
seguro de recuperação por incapacidade
disability income insurance
seguro por incapacidade
disaffirm
cassar; revogar; negar; contradizer
disbursement
desembolso; satisfação de um débito
discharge
s. quitação; cancelamento; liquidação; liberação; baixa do exercício militar
v. quitar; absolver; extinguir; terminar; demitir
discharge in bankruptcy
reabilitação do falido
discharge of lien
cancelamento do gravame; revogação de um ônus
disclaimer
exoneração de responsabilidade
disclosure
revelação; divulgação; exposição
discontinuance of plan
descontinuidade de plano
discontinued operation
operação cessada
discount
desconto; dedução; redução
discount bond
obrigação a desconto
discount broker
corretagem

discount points
pontos de desconto
discount rate
taxa de atualização; taxa de desconto de títulos comerciais
discount window
janela de desconto
discount yield
rentabilidade do desconto
discounted cash flow
fluxo de caixa descontado
discounting the news
desconto segundo as notícias
discovery
1. descobrimento; revelação; descoberta
2. meios de prova; procedimento probatório
discovery sampling
amostragem por descobrimento
discrepancy
discrepância
discretion
discrição; poder discricionário
discretionary cost
custo discricionário; custo arbitrário
discretionary income
renda discricionária; renda pessoal que resta após o pagamento das necessidades básicas (economia)
discretionary policy
política discricionária
discretionary spending power
poder aquisitivo discricionário
discrimination
discriminação
diseconomies
diseconomias
dishonor
inadimplir; não honrar com compromisso; não honrar o pagamento de uma dívida; desonrar, não pagar, recusar
disinflation
desinflação
disintermediation
desintermediação; operação direta; sem corretagens

disciplinary layoff
demissão disciplinar
disjoint events
eventos inconexos
disk *(computer)*
disco
disk drive *(computer)*
unidade de disco
dismissal
1. extinção do processo sem julgamento do mérito
2. indeferimento; demissão; denegação
dispatcher
despachador
disposable income
renda disponível
dispossess
despejar; desapossar
dispossess proceedings
ação de despejo por falta de pagamento do aluguel
dissolution
dissolução
distressed property
bens seqüestrados ou retidos
distribution
distribuição; partilha; rateio
distribution allowance
abono de distribuição
distribution cost analysis
análise do custo de distribuição
distributor
distribuidor
diversification
diversificação nos investimentos para evitar riscos concentrados
diversified company
empresa diversificada
divestiture
desinvestimento
dividend
dividendo; bonificação
dividend addition
soma de dividendos
dividend exclusion
dividendos não disponíveis

dividend payout ratio
taxa de dividendos distribuídos; índice dos dividendos das ações ordinárias e preferenciais sobre o total de ganhos em determinado período
dividend reinvestment plan
plano de reinvestimento de dividendos
dividend requirement
requerimento de dividendos
dividend rollover plan
plano reformado de dividendos
dividends payable
dividendos a pagar
division of labor
divisão do trabalho
docking
encaixe
docking station *(computer)*
estação de encaixe *(computação)*
documentary evidence
prova documental
documentation
documentação
doing business as (DBA)
nome fantasia
dollar cost averaging
sistema de compras a intervalos regulares e em valor fixo. O investidor se condiciona ao valor investido e não ao número de ações. Conforme o nível dos preços assim a mesma quantia comprará mais ou menos ações.
dollar drain
fuga de dólares
dollar unit sampling (DUS)
método do valor monetário
dollar value LIFO
valor em dólares LIFO (O último aberto deve ser o primeiro a ser fechado)
domain name system
sistema de nome de domínio
domestic corporation
empresa nacional; sociedade

nacional
domicile
domicílio; residência
dominant tenement
prédio dominante
donated stock
ações doadas
donated surplus
superávit doado
donor
doador; outorgante
double (treble) damages
indenização (triplo) dobrada
double click *(computer)*
clique duplo *(computação)*
double declining balance
saldos decrescentes duplos
double precision
precisão dupla
double taxation
dupla taxação; dupla tributação; sobretaxação
double time
horas extras
double-digit inflation
inflação de dois dígitos
double-dipping
dois tachos
double-entry accounting
contabilidade com registro duplo
Dow theory
teoria Dow
dower
1. bens dotais; dote
2. direito de usufruto sobre parte dos bens imóveis que cabe á viúva após o falecimento de seu marido
down tick
transação efetuada a preço inferior ao da última
download *(computer)*
baixar; descarregar; sub-carregar
(computação)
downpayment
entrada em dinheiro; sinal dado para o princípio de pagamento
downscale
descendente

downside risk
risco de baixa
downstream
fluxo de atividade corporativa da matriz à subsidiária
downtime
paralisação
downturn
curva descendente; baixa, recaída
down zoning
redução de pessoal
dowry
dote
draft
saque; minuta; título de crédito; ordem de pagamento; letra de câmbio; nota promissória; rascunho alistamento
draining reserves
esgotamento das reservas
draw
emitir; redigir; escrever; sacar
draw tool *(computer)*
ferramenta de desenho
(computação)
drawee
sacado
drawer
sacador
drawing account
conta de adiantamento; conta corrente; conta retirada
drive *(computer)*
acelerador (mecanismo impulsor necessário para ler e escrever dados de e para um disco flexível)
(computação)
drop-down menu
(computer)
menu do tipo drop-down (Lista de comandos e opções as quais são reveladas caso você clique sobre qualquer palavra na barra de menus)
(computação)
drop-shipping
embarque direto
dry goods
secos; têxteis; bens confeccionados

dual contract
contrato duplo
due bill
reconhecimento de dívida; confissão de dívida; promessa de pagamento; vale
due-on-sale clause
cláusula de pagamento à vista
dummy
s. testa-de-ferro; interposta pessoa; figura de proa
adj. suposto; simulado; falso; pretenso; postiço
dumping
venda de um produto no exterior abaixo do preço do mercado vigorante no país de origem
dun
s. cobrança insistente; solicitação de pagamento de um débito vencido
v. cobrar insistentemente
duplex copying
(computer)
copiado duplex *(computação)*
duplex printing
(computer)
impressão duplex *(computação)*
duplication of benefits
duplicação de benefícios
duress
coação; compulsão ilegal; cárcere privado
Dutch auction
leilão holandês; leilão onde o preço inicial é bem alto e depois reduzido aos poucos até alguém dar um lance.
duty
direito; dever; obrigação

E

each way
comissão ganha pelo corretor na compra e venda
early retirement
aposentadoria antecipada
early retirement benefits
benefícios da aposentadoria antecipada
early withdrawal penalty
multa sobre resgate antecipado; multa por saque antecipado
earned income
renda proveniente da prestação de serviço; lucro; renda; rendimentos; lucros auferidos
earnest money
sinal
earnings and profits
receitas e lucros
earnings before taxes
receita antes da tributação; lucros antes dos impostos
earnings per share
rendimentos por ação; lucro por ação
earnings report
demonstração de rendimentos
easement
servidão
easy money
facilitação de crédito
econometrics
econometria
economic
econômico
economic analysis
análise econômica
economic base
base econômica
economic depreciation
depreciação econômica
economic freedom
liberdade econômica
economic growth
crescimento econômico
economic growth rate
taxa de crescimento econômico
economic indicators
indicadores econômicos
economic life
vida econômica
economic loss
perda econômica
economic rent
rentabilidade econômica
economic sanctions
sanções econômicas
economic system
sistema econômico
economic value
valor econômico
economics
ciência da Economia
economies of scale
economias de escala; a redução de custo unitário pelo aumento nas quantidades produzidas
economist
economista
economy
economia
edit *(computer)*
Editar *(computação)*
effective date
data de vencimento
effective debt
débito efetivo
effective net worth
patrimônio líquido efetivo
effective rate
taxa efetiva
effective tax rate
taxa de imposto efetiva; a alíquota de impostos paga por uma empresa

efficiency
eficiência
efficient market
mercado eficiente
efficient portfolio
carteira de ações eficiente
eject *(computer)*
ejetar *(computação)*
ejectment
ação de despejo; ação de reintegração de posse
elasticity of supply and demand
flexibilidade da oferta e procura
elect
eleger
electronic mail (e-mail)
correio eletrônico; comunicação via computador
emancipation
emancipação
embargo
embargo
embed *(computer)*
executa um arquivo de vídeo ou de som *(computação)*
embezzlement
desfalque; apropriação indébita; fraude; peculato
emblement
produtos de indústria
eminent domain
poder expropriante
employee
empregado; funcionário
employee association
sindicato
employee benefits
benefícios do empregado
employee contributions
contribuições dos empregados
employee profit sharing
participação em lucros do empregado
employee stock option
opção de compra de ações
employee stock ownership plan (ESOP)
plano para participação do empregado no capital social; plano de compra de ações especial para os funcionários
employer
empregador; patrão; entidade patronal
employer interference
interferência do empregador
employment agency
agência de empregos
employment contract
contrato de emprego
enable
possibilitar; permitir; outorgar; consentir; habilitar
enable *(computer)*
ativar; capacitar; habitar *(computação)*
enabling clause
cláusula de habilitação; cláusula que possibilita ação ou execução
encoding
codificação
encroach
usurpar; invadir
encroachment
invasão
encryption
criptografia
encumbrance
ônus; obrigação; gravame
end of month
fim do mês
end user *(computer)*
usuário final *(computação)*
endorsement or **indorsement**
endosso
endowment
doação; legado
energy tax credit
crédito de imposto sobre o consumo de energia
enjoin
ordenar
enterprise
empresa; empreendimento
enterprise zone
zona de comércio

entity
entidade; personalidade jurídica
entrepreneur
empresário; empreendedor
entry-level job
emprego no primeiro nível
environmental impact statement (EIS)
declaração de impacto ambiental
EOM dating
data no fim do mês
equal opportunity employer
empregador com igualdade de oportunidades; oportunidades de trabalho sem discriminação
equal protection of the laws
isonomia
equalization board
conselho eqüitativo
equilibrium
equilíbrio
equilibrium price
preço de equilíbrio
equilibrium quantity
quantidade em equilíbrio
equipment
equipamento
equipment leasing
arrendamento de equipamentos
equipment trust bond
obrigação de fideicomisso de equipamentos
equitable
eqüitativo; justo
equitable distribution
distribuição eqüitativa
equity
1. equidade; direito lato; princípios gerais do Direito
2. participação; interesse; patrimônio; posição acionária patrimônio líquido, os valores monetários de um balanço que representam os patrimônios dos proprietários
equity financing
financiamento de uma sociedade comercial através da emissão de ações

equity method
metodologia de reconhecimento de uma participação nas contas consolidadas
equity of redemption
direito de remição hipotecária
equity REIT
fundos de investimento imobiliário
equivalent taxable yield
rendimento tributável equivalente
erase *(computer)*
remover informação *(computação)*
error
erro
error message *(computer)*
mensagem de erro *(computação)*
escalator clause
cláusula de escala móvel; cláusula de correção monetária
escape key (esc) *(computer)*
tecla ESCAPE *(computação)*
escheat
transferência dos bens vacantes para o Estado; reversão dos bens ao patrimônio do doador
escrow
caução; fideicomisso
escrow agent
agente fiduciário
espionage
espionagem
essential industry
indústria essencial
estate
título; patrimônio; bens do espólio; massa falida
estate in reversion
resíduos da herança reversíveis aos herdeiros
estate in severalty
bem próprio
estate planning
planejamento de espólio ;
planejamento do patrimônio
estate tax
imposto de transmissão "causa mortis"; imposto de transmissão de posse; imposto sobre herança

estimate
s. estimativa; previsão
v. estimar; prever
estimated tax
imposto estimado
estimator
estimador
estoppel
1. caducidade de ação ou do direito pela prática de ato anterior da parte que induziu ato ou ação da parte adversa
2. preclusão consumativa
estoppel certificate
certidão contendo cláusulas de arrendamento(1); documento do qual consta o montante da hipoteca e dos juros aplicáveis ao contrato (2)
estovers
direito de usufruir de áreas comuns
ethical
ético
ethics
ética
euro
euro; moeda da União Européia (UE)
European Common Market
Mercado Comum Europeu
European Economic Community (EEC)
Comunidade Econômica Européia
eviction
evicção; despejo
actual eviction
evicção real
constructive eviction
evicção construtiva
partial eviction
evicção parcial
evidence of title
prova de propriedade
exact interest
juro simples
"except for" opinion
opinião "à exceção de"
excess profits tax
imposto sobre lucros extraordinários

excess reserves
reservas extraordinárias
exchange
1. Bolsa de Valores
2. troca; intercâmbio; câmbio
exchange control
controle de câmbio
exchange rate
taxa de câmbio
excise tax
imposto sobre consumo; imposto sobre vendas
exclusion
exclusão
exclusions
exclusões
exculpatory
escusável; justificável
ex-dividend rate
taxa sem dividendo
execute
executar; assinar; terminar
executed
executado
executed contract
contrato firmado; contrato cumprido
execution
execução; desempenho; satisfação
executive
executivo
executive committee
comitê executivo; comitê administrativo
executive perquisites
emolumentos executivos
executor
testamenteiro
executory
incompleto; a ser cumprido; condicional; contingente
exempt securities
títulos isentos; valores mobiliários isentos
exemption
isenção
exercise
s. exercício
v. exercer; exercitar

exit interview
entrevista de saída
ex-legal
ex-legal
expandable *(computer)*
ampliado *(computação)*
expansion
expansão
expected value
valor esperado
expense
s. dispêndio; gasto; despesa
v. debitar a despesa
expense account
conta de despesas; conta de representação
expense budget
orçamento de despesas
expense ratio
índice de despesas
expense report
relatório de despesas
experience rating
taxa de premio baseada na experiência de sinistros
experience refund
reembolso por experiência
expert power
poder pericial
expiration
extinção; expiração, vencimento do prazo
expiration notice
notificação de extinção; notificação vencida
exploitation
exploração; aproveitamento
exponential smoothing
suavização exponencial
export
s. exportação
v. exportar
Export-Import Bank (EXIMBANK)
banco federal norte-americano que presta assistência financeira às importações e exportações
exposure
exposição; vulnerabilidade
exposure draft
versão preliminar
express
expresso (a); explícito (a); claro (a)
express authority
autoridade expressa
express contract
contrato explícito
extended coverage
cobertura alargada; cobertura renovada
extended coverage endorsement
endosso de cobertura ampliada
extension
extensão; prorrogação; multiplicação; ampliação
extension of time for filing
prorroga para arquivar
extenuating circumstances
circunstâncias atenuantes
external audit
auditoria externa
external documents
documentos externos
external funds
fundos externos
external report
relatório externo
extra dividend
dividendo extra
extractive industry
indústria extrativa
extraordinary dividends
dividendos extraordinários
extraordinary item
item extraordinário
extrapolation
extrapolação

F

***f* statistic**
estatística F
fabricator
fabricador; fabricante
face amount
valor nominal; valor do principal; valor demonstrado; valor de emissão
face interest value
taxa de juros nominais
face value
valor nominal; valor de emissão; valor do capital a reembolsar
facility
empréstimo; linha de crédito
facsimile
fac-símile, fax, telefax
factor analysis
análise fatorial
factorial
fatorial
factoring
compra ou venda de títulos comerciais a receber; sob desconto; desconto de títulos comerciais a receber, em troca de uma comissão
factory overhead
despesas gerais de fábrica
faculty installation
instalação contínua
fail to deliver
falta de entrega; não efetuar entregas
fail to receive
falta de recebimento
failure analysis
análise de quebra
fair market rent
renda justa de mercado
fair market value
valor justo de mercado
fair rate of return
taxa justa de retorno

fair trade
comércio eqüitativo; comércio justo; concorrência justa e razoável
fallback option
opção emergencial; opção alternativa
fallen building clause
cláusula contra colapsos
false advertising
publicidade falsa; propaganda enganosa
family income policy
política de ganhos familiares
family life cycle
ciclo de vida familiar
family of funds
grupo de fundos
FAQ (frequently asked questions) *(computer)*
perguntas mais freqüentes *(computação)*
farm surplus
superávit agrícola
fascism
fascismo
fast tracking
via rápida; autorização para procedimentos especiais; autorização do poder legislativo dos EUA ao poder executivo para negociar tratados comerciais internacionais
fatal error *(computer)*
erro fatal *(computação)*
favorable trade balance
balança comercial favorável;
feasibility study
estudo de viabilidade
featherbedding
criar trabalho; construir benfeitorias no local do trabalho
Fed wire
sistema eletrônico de compensação bancário usado pelo Federal Reserve

Bank
federal deficit
déficit federal; dívida interna; déficit do governo
Federal Deposit Insurance Corporation (FDIC)
Empresa Federal Americana de Seguro de Depósitos
Federal Funds (FED FUNDS)
recursos imediatamente disponíveis; Fundo Federal
federal funds rate
taxa de juros de FED FUNDS
Federal Reserve Bank
Banco Central; Reserva Federal
Federal Reserve Board (FRB)
Banco Central
Federal Reserve System (FED)
Sistema do Banco Central
Federal Savings and Loan Association
Associação Federal de Poupanças e Empréstimos
fee
honorários; taxas; emolumentos
fee simple
propriedade alodial transmissível aos herdeiros legítimos pela sucessão hereditária; bens livres; domínio simples
fee simple absolute
domínio absoluto
feeder lines
linhas secundárias
FHA mortgage loan
crédito hipotecário da Administração Federal de Habitação
fidelity bond
seguro contra roubo de empregados; seguros contra ações de empregados; fiança
fiduciary
fiduciário
fiduciary bond
garantia fiduciária
field staff
pessoal de campo

field theory of motivation
teoria de motivação externa
file
s. arquivo; pasta; protocolo
v. arquivar; mover
file backup *(computer)*
cópia de seguridade de arquivo *(computação)*
file extension *(computer)*
extensão de arquivo *(computação)*
file format *(computer)*
formato de arquivo *(computação)*
file transfer protocol (FTP)
protocolo de transferência de arquivos
fill or kill (FOK)
ordem de execução imediata; ordem de transação em bolsa que se não for cumprida imediatamente será cancelada
filtering down
filtrar
final assembly
montagem final
finance charge
encargo de financiamento
finance company
companhia financeira
financial accounting
contabilidade financeira
financial advertising
publicidade financeira
financial future
futuro financeiro; índices financeiros futuros
financial institution
instituição financeira
financial intermediary
intermediário financeiro
financial lease
arrendamento financeiro
financial management rate of return (FMRR)
taxa de rendimento de administração financeira
financial market
mercado financeiro

financial position
posição financeira
financial pyramid
pirâmide financeira
financial statement
balanço de situação; extrato; relatórios financeiros
financial structure
estrutura financeira
financial supermarket
supermercado financeiro
financing
financiamento
finder's fee
taxa de corretagem
finished goods
produtos acabados
fire insurance
seguro contra incêndio
firm
firma; empresa; pessoa jurídica
firm commitment
lançamento de ações em que a firma se compromete a vender todo o lote; compromisso
firm offer
proposta firme; oferta firme
firm quote
cotação firme
first in, first out (FIFO)
primeira entrada; primeira saída
first lien
primeiro gravame; primeiro ônus
first mortgage
primeira hipoteca
first-line management
administração de primeiro nível
first-year depreciation
depreciação do primeiro ano
fiscal
fiscal; tributário; impositivo
fiscal agent
agente fiscal; agente arrecadador
fiscal policy
política financeira; política fiscal
fiscalist
fiscalista

fixation
fixação
fixed annuity
anuidade fixa
fixed asset
ativo fixo; ativo imobilizado; ativo permanente
fixed benefits
benefícios fixos
fixed charge
despesa fixa; encargos fixos
fixed cost
custo fixo
fixed fee
honorário pré-determinado
fixed income
renda fixa
fixed income statement
declaração de renda fixa
fixed premium
prima fixa
fixed-charge coverage
cobertura de cargo fixo
fixed-point number
número de juro fixo
fixed-price contract
contrato de preço fixo
fixed-rate loan
empréstimo a taxa fixa
fixture
benfeitorias; acessórios; utensílios
flanker brand
marca complementar
flash memory *(computer)*
memória flash *(computação)*
Flat
fixo; sem juros; salário fixo
flat rate
taxa fixa
flat scale
escala fixa
flat tax
imposto fixo (não progressivo)
flexible budget
orçamento flexível; orçamento preparado para várias atividades
flexible-payment mortgage (FPM)
hipoteca de pagamento flexível

flextime
horários flexíveis
flight to quality
vôo para a qualidade; fuga para qualidade; fuga para riscos menores
float
s. ganho financeiro realizado pela disponibilidade de recursos de terceiros sem remuneração
v. flutuar; lançar valores no mercado de capitais
floater
título de rendimento variável
floating currency exchange rate
taxa de câmbio de divisa flutuante
floating debt
dívida flutuante; débito flutuante
floating exchange rate
taxa de câmbio flutuante
floating securities
valores flutuantes
floating supply
ações disponíveis para a compra
floating-point number
número em ponto flutuante
floating-rate note
obrigações de taxa variável
flood insurance
seguro-inundação
floor loan
empréstimo mínimo
floor plan
planta; planos do piso
floor plan insurance
seguro de plano de piso
flotation (floatation) cost
custo de lançamento ou emissão de títulos no mercado
flow of funds
fluxo financeiro
flowchart
fluxograma; visualização gráfica de um sistema
fluctuation
oscilação; flutuação
fluctuation limit
limite de flutuação

flush (left/right) *(computer)*
alinhamento (esquerda/ direita)
follow-up letter
carta de acompanhamento
font *(computer)*
Fonte *(computação)*
footing
posição firme; condição estável
footnote
notas de demonstração financeira; nota de rodapé
footnote *(computer)*
dados de rodapé *(computação)*
for your information (FYI)
para a sua informação
forced page break *(computer)*
câmbio de página forçado *(computação)*
forced sale
venda forçada
forced saving
poupança forçada
forecasting
previsão; planejamento; estimativa
foreclosure
execução hipotecária ou pignoratícia; extinção do direito de remição do executado
foreign corporation
sociedade anônima de outro país ; sociedade estrangeira; empresa do exterior
foreign direct investment
investimento direto estrangeiro
foreign exchange
câmbio de moedas estrangeiras; câmbio; divisas estrangeiras
foreign income
renda estrangeira; ingressos do exterior
foreign investment
investimento estrangeiro
foreign trade zone
área de livre comércio; zona de comércio exterior
forfeiture
Confisco; arresto de bens devido a quebra de contrato; caducidade;

prescrição do direito; multa;
penalidade
forgery
contrafação; falsificação; imitação
format *(computer)*
Formato *(computação)*
formula investing
técnica de investimento
fortuitous loss
perda fortuita; prejuízo fortuito
forward
adj. a termo; futuro; contrato de futuros; contrato a termo
v. encaminhar; remeter; despachar
forward contract
contrato futuro; contrato a prazo
forward integration
integração de empresa de produção e distribuição
forward pricing
preço fortuito
forward stock
ações fortuitas
forwarding company
empresa de expedição
foul bill of landing
embarque com reservas
401 (k) plan
plano 401(k)
fourth market
quarto mercado
fractional share
ação fracionária
frame rate
taxa de quadros
frame rate *(computer)*
taxa de quadros *(computação)*
franchise
franquia; concessão
franchise tax
imposto de franquia
frank
franco
fraud
fraude
fraudulent misrepresentation
falsas declarações; declaração fraudulenta

free alongside ship (FAS)
preço de entrega de mercadoria no cais
free and clear
desembargado; livre de ônus; livre de gravames
free and open market
mercado livre e aberto
free enterprise
livre iniciativa
free market
mercado aberto; mercado livre
free on board (FOB)
preço de entrega da mercadoria no navio
free port
porto franco
freehold (estate)
domínio absoluto sobre a propriedade; direitos de domínio total
freight insurance
seguro de frete; seguro de carga
frequency
freqüência
frictional unemployment
desemprego por fricção
friendly suit
ação para decidir ponto de princípio
front foot
medida linear equivalente a um pé frente a um bem imóvel
front money
capital inicial
front office
escritório principal
frontage
frente; fronte
front-end load
cobrança antecipada de taxas
frozen account
conta bloqueada
fulfillment
cumprimento; realização
full coverage
cobertura total; seguro total
full disclosure
conceito segundo o qual as

demonstrações financeiras devem
refletir todos os fatos administrativos
assim como informações para a sua
interpretação
full faith and credit
dispositivo constitucional norte-
americano pelo qual se atribui fé
pública aos atos praticados pelas
autoridades constituídas os quais
devem ser aceitos pelas demais
autoridades
full screen display
visualização de tela completa
full screen display *(computer)*
visualização de tela completa
(computação)
full-service broker
corretor de pleno serviço
fully diluted earnings per (common) share
ganhos por ações (comuns)
totalmente diluídas
fully paid policy
apólice totalmente paga
function key *(computer)*
tecla de função
(computação)
functional authority
autoridade funcional

functional currency
moeda constante
functional obsolescence
obsolescência funcional pela melhoria
dos processos
functional organization
organização funcional
fund accounting
contabilidade de fundos
fundamental analysis
análise fundamental
funded debt
dívida de curto prazo convertida para
longo prazo
funded pension plan
plano de aposentadoria consolidado
funding
financiamento; conversão de dívida de
curto em longo prazo
fund-raising
arrecadação de fundos
furlough
licença
future interest
lucro futuro
futures contract
contrato futuro
futures market
mercado de futuros; mercado a prazo

G

gain
s. lucro; ganho; rendimento
v. ganhar; lucrar
gain contingency
contingência de ganho
galloping inflation
inflação galopante
game card *(computer)*
placa de jogo *(computação)*
gaming
entretenimento
gap
intervalo; período de tempo
gap loan
empréstimo diferencial
garnish
embargar
s. pagamento de uma soma em dinheiro feita aos companheiros de prisão; pelo sentenciado; ao ingressar na penitenciária
v. advertir; notificar; citar
garnishee
terceiro que tem em seu poder bens pertencentes ao devedor notificado judicialmente para que não os devolva até a decisão final do processo
garnishment
embargo de bens de terceiros
1. penhora de bens do devedor em posse de terceiros
2. retenção de pagamento na fonte; desconto em folha de pagamento
gender analysis
análise em gênero
general contractor
construtor; empreiteiro
general equilibrium analysis
análise de equilíbrio geral
general expense
despesa geral

general fund
fundo geral
general journal
diário geral
general ledger
livro de contabilidade geral
general liability insurance
seguro de responsabilidade geral
general lien
direito de retenção; ônus geral
general obligation bond
títulos sem outra garantia a não ser os recursos financeiros do município
general partner
sócio solidário; sócio majoritário
general revenue
receita geral
general revenue sharing
distribuição de rendas gerais
general scheme
plano geral, projeto geral
general strike
greve geral
general warranty deed
contrato de garantia geral
generalist
generalista
generally accepted accounting principles
princípios de contabilidade geralmente aceitos
generation-skipping transfer
transferência de trans-geração
generic appeal
apelação genérica
generic bond
apólice genérica
generic market
mercado genérico
gentrification
enobrecimento

geodemography
geodemografia
gift
presente; doação
gift deed
a título gratuito
gift tax
imposto sobre transmissão gratuita; imposto sobre doações
girth
circunferencia
glamour stock
ações atrativas
glut
excesso
goal
meta; gol; objectivo (P); fim
goal congruence
congruência de objetivos
goal programming
programação de fins
goal setting
estabelecimento de fins
go-between
intermediário; corretor; mediador
going long
A compra de um activo ou derivado para investimento ou especulação
going private
fechamento de capital
going public
tornar-se uma empresa de capital aberto pelo lançamento de ações na Bolsa; oferta pública de venda
going short
venda de um activo ou derivado que o vendedor não tem em carteira
going-concern value
valor de empresa em funcionamento
gold fixing
determinação pelos especialistas do preço do ouro
gold mutual fund
fundo de investimentos em ouro
gold standard
padrão ouro
goldbrick
fraude; logro

goldbug
dedicado ao ouro
golden handcuffs
prémio de permanência
golden handshake
retribuição generosa a quem aceite deixar a empresa antes do fim do contrato
golden parachute
indenização que se paga aos executivos - prévio convênio – na hipótese de que haja mudança de dirigentes da sua empresa
good delivery
ação boa
good faith
boa-fé
good money
dinheiro bom, genuíno
good title
boa documentação; documentação legítima
good-faith deposit
depósito de boa-fé
goodness-of-fit test
prova da precisão do ajuste
goods
bens; mercadorias; estoques; produtos
goods and services
bens e serviços
good-till-canceled order (GTC)
ordem revogável para compra de mercadorias
goodwill
valor subjetivo do negócio; renome comercial; diferença entre o valor contábil e o valor pago pelo negócio; fundo de comércio; luvas; aviamento; conceito na praça
grace period
período de carência; período de tolerância
graduated lease
locação com cláusula de reajuste automático do aluguel

graduated payment mortgage (GPM)
hipoteca de pagamentos progressivos
graduated wage
salário gradual; imposto progressivo
graft
s. tráfico de influência; suborno; corrupção; prevaricação
v. enxertar; agregar
grandfather clause
artigo da lei que isenta algumas pessoas de cumpri-la em virtude de direitos adquiridos
grant
s. outorga; transferência; transmissão; instituição; subsídio; dotação; concessão; subvenção
v. conceder; outorgar; dar
grantee
outorgado; alienatário; concessionário; adquirente
grantor
outorgante; alienante; cedente
grantor trust
fideicomisso do outorgante
graph *(computer)*
gráfico; quadro *(computação)*
graphics card *(computer)*
placa gráfica *(computação)*
gratis
grátis; de graça; gratuito
gratuitous
gratuito
gratuity
gratificação; gratuidade
graveyard market
mercado morto
graveyard shift
turma de noite; turno da meia-noite
gray scale *(computer)*
escala de cinza *(computação)*
Great Depression
recessão econômica de 1929
greenmail
situação de mercado em que um grande bloco de acções encontra-se na posse de uma empresa hostil que força a empresa alvo a voltar a comprar as acções a prémio substancial para impedir uma tomada do controlo da empresa alvo por parte da empresa hostil
gross
bruto; total
gross amount
quantia bruta
gross billing
faturamento bruto
gross earnings
renda bruta
gross estate
total dos bens do espólio sujeito a imposto causa mortis
gross income
renda bruta; receita bruta
gross lease
aluguel bruto
gross leaseable area
área para arrendamento
gross national debt
débito nacional bruto
gross national expenditure
despesa nacional bruta
gross national product (GNP)
produto nacional bruto
gross profit
lucro bruto
gross profit method
método de lucro bruto
gross profit ratio
índice de lucro bruto
gross rating point (GRP)
ponto de classificação bruto
gross rent multiplier (GRM)
multiplicador de aluguel bruto
gross revenue
receita bruta
gross ton
tonelagem bruta
gross weight
peso bruto
ground lease
arrendamento da propriedade
ground rent
aluguel pago ao proprietário de terreno por imóvel incorporado neste

group credit insurance
seguro de crédito em grupo
group disability insurance
seguro de incapacidade em grupo
group health insurance
seguro de saúde em grupo
group life insurance
seguro de vida em grupo
growing-equity mortgage (GEM)
hipoteca de recursos próprios crescente
growth fund
fundo de capitalização
growth rate
taxa de crescimento
growth stock
investimento em ações com perspectiva de aumento
guarantee
s. garantia; afiançado; endossado
v. garantir
guarantee of signature
assinatura garantida
guaranteed annual wage (GAW)
salário anual garantido
guaranteed bond
título garantido por terceiros
guaranteed income contract (GIC)
contrato de rendas garantido
guaranteed insurability
seguridade garantida
guaranteed letter
termo usado para definir as cartas de crédito de viajantes ou carta de crédito comercial, em que os pagamentos feitos são garantidos pelo banco emitente
guaranteed mortgage
hipoteca garantida
guaranteed security
título garantido
guarantor
fiador; avalista
guaranty
fiança; garantia
guardian
tutor; curador
guardian deed
escritura do curador
guideline lives
vidas úteis de referência
guild
corporação de ofício

H

habendum
título de transmissão que define o tipo de direito de propriedade que está sendo transferido
hacker
pirata; palavra usada, na área de informática, aquele que busca acesso não autorizado a um sistema de computadores de terceiro(s)
half duplex
semi-duplex
half-life
meia-vida
halo effect
efeito halo
hammering the market
termo usado para definir um intenso movimento de venda por aqueles que acreditam que os preços estão inflacionados. Especuladores que pensam que o mercado vai sofrer uma queda e então sell short (vendem, tomando emprestado do mercado) esperando por preços menores para fazer a cobertura e realizar lucros
handling allowance
abono para manuseio
hangout
lugar de reunião
hard cash
moeda sonante
hard currency
moeda forte
hard disk *(computer)*
disco rígido *(computação)*
hard dollars
dólar forte (1) despesas diretas (2)
hard drive *(computer)*
disco duro *(computação)*
hard goods
bens duráveis

hard money
moeda impressa em metal; moeda
hard return *(computer)*
quebra de linha incondicional *(computação)*
hardware *(computer)*
Hardware *(computação)*
hardwired *(computer)*
Forma de dispor uma anúncio em uma posição *fixa da página Web* *(computação)*
hash total
total de verificação
hatch *(computer)*
escotilha *(computação)*
hazard insurance
seguro contra imprevistos (roubo, incêndio, etc.)
head and shoulders
Normalmente associado a um padrão de inversão de tendência (embora em alguns casos possa ser de continuação). É assim designado porque tem tipicamente a forma de dois ombros e uma cabeça. A linha fundamental de suporte é a linha dos ombros
head of household
chefe da família
header *(computer)*
cabeçalho *(computação)*
headhunter
assessor para contratação de recursos humanos de nível executivo
health maintenance organization (HMO)
organização de apoio à saúde
hearing
audiência; público
heavy industry
indústria pesada

hectare
hectare
hedge
trava; cobertura; investimentos que visam a eliminação de riscos de mercado
heirs
herdeiros
heirs and assigns
herdeiros e cedentes
help index *(computer)*
índice da ajuda *(computação)*
help screen *(computer)*
tela de ajuda *(computação)*
help wizard *(computer)*
assistente *(computação)*
heterogeneous
heterogêneo
heuristic
heurístico
hidden agenda
agenda oculta
hidden asset
ativo oculto
hidden inflation
inflação ocultada
hidden tax
impostos ocultos
hierarchy
hierarquia
high credit
crédito alto
high flyer
acção excessivamente valorizada e tremendamente especulativa que apresenta subidas abruptas em curtos períodos de tempo
high resolution *(computer)*
alta resolução *(computação)*
high technology
alta tecnologia
highest and best use
o melhor e mais favorável uso e aplicação
high-grade bond
título de grande segurança
high-involvement model
modelo de alta participação

highlight *(computer)*
área de altas luzes da imagem *(computação)*
highs
preços máximos
high-speed *(computer)*
alta velocidade *(computação)*
high-tech stock
termo usado para ações de companhias envolvidas na indústria de alta tecnologia
historical cost
custo histórico
historical structure
estrutura histórica
historical yield
rentabilidade histórica
hit list
lista de resultados
hit the bricks
estar de greve
hobby loss
imposto que incide em atividade que não gera lucros
hold harmless clause
cláusula de isenção de responsabilidade; cláusula de quitação de deveres
holdback
retenção
holdback pay
pagamento de retenção
holder in due course
possuidor de boa-fé
holder of record
titular do registro
hold-harmless agreements
contratos de isenção de responsabilidade; contrato de quitação de deveres
holding
decisão judicial; opinião
holding company
companhia controladora; sociedade de gestão de participações sociais (P); sociedade controladora; companhia que detém ações e supervisiona e administra tais empresas

holding fee
honorário de posse
holding period
espaço de tempo em que o capital deve ser mantido para determinar existência de ganhos e perdas; investimento mantido por um determinado tempo
holdover tenant
locatário que continua na posse do imóvel após o término do contrato
home key *(computer)*
tecla INICIO *(computação)*
home page *(computer)*
página inicial; página inicial de um sítio eletrônico *(computação)*
homeowner warranty program (HOW)
programa de garantia de moradores
homeowner's association
associação de moradores
homeowner's equity account
conta eqüitativa de moradores
homeowner's policy
política de moradores
homestead
bem de família; residência da família; propriedade familiar
homestead tax exemption
isenção de imposto da propriedade familiar
homogeneous
homogêneo
homogeneous oligopoly
oligopólio homogêneo
honor
s. honra
v. honrar; cumprir
honorarium
honorários; pagamento a título gratuito
horizontal analysis
análise horizontal
horizontal channel integration
integração pela via horizontal
horizontal combination
consolidação horizontal; combinação horizontal

horizontal expansion
crescimento horizontal
horizontal merger
fusão horizontal; aquisição horizontal
horizontal specialization
especialização horizontal
horizontal union
união horizontal
host computer *(computer)*
computador usado para desenvolver o software *(computação)*
hot cargo
carregamento com dificuldade para execução monetária
hot issue
emissão nova
hot stock
ação da alta cotização
house
casa
house account
conta comercial
house to house
a domicílio
house-to-house sampling
amostragem a domicílio
house-to-house selling
venda a domicílio
housing bond
título imobiliário
housing code
código de edificações
housing starts
vivendas em construção
huckster
vendedor ambulante
human factors
fatores humanos
human relations
relações humanas
human resource accounting
contabilidade de recursos humanos
human resources
recursos humanos
human resources management (HRM)
gestão de recursos humanos; gerência de recursos humanos

hurdle rate
taxa mínima de retorno estabelecida; custo de oportunidade do capital que a taxa interna de rendibilidade de um projeto deve exceder para que tal projeto deva ser aceite; taxa de barreira
hush money
dinheiro reservado
hybrid annuity
anuidade combinada

hyperinflation
hiperinflação
hyperlink *(computer)*
hiper-ligação *(computação)*
hypertext
hipertexto
hypothecate
hipotecar
hypothesis
hipótese
hypothesis testing
teste de hipótese

I

icon
ícone
ideal capacity
capacidade ideal
idle capacity
capacidade ociosa
illegal dividend
dividendo ilegal
illiquid
Ilíquidos; sem liquidez
image *(computer)*
imagem *(computação)*
image advertising
publicidade de imagem
image definition *(computer)*
definição da imagem *(computação)*
image file *(computer)*
arquivo de imagem *(computação)*
impacted area
área de impacto
impaired capital
capital deficitiário
impasse
impasse
imperfect market
mercado imperfeito
imperialism
imperialismo
implied
implícito; subentendido
implied contract
contrato tácito
implied easement
servidão implícita
implied in fact contract
contrato de fato implícito
implied warranty
garantia implícita
import
s. importação
v. importar

import quota
quota de importação
imposition
imposição
impound
apreender
impound account
fundo de reserva
imprest fund
fundo fixo de caixa ; caixa pequena
imprest system
sistema de fundo fixo
improved land
terreno com alguma melhoria
improvement
melhoria; melhoramento
improvements and betterments insurance
seguro de melhoramentos
imputed cost
custo imputado
imputed income
renda imputada
imputed interest
juro imputado
imputed value
valor imputado
imputed income
renda imputada
in perpetuity
perpétuo
in the money
com substância; com valor intrínseco
in the tank
quando os preços do mercado estão caindo
inactive stock or inactive bond
ações inativas
inadvertently
inadvertentemente

incapacity
incapacidade
incentive fee
taxa de incentivo
incentive pay
pagamento de incentivo
incentive stock option (ISO)
incentivo de opção de compra de ações
incentive wage plan
plano de prêmios
inchoate
incompleto; imperfeito
incidental damages
danos incidentais
income
rendimento; renda; ganho; receita; resultado
income accounts
contas das receitas
income approach
enfoque em rendas
income averaging
determinação de receita média
income bond
obrigações de juros pagáveis somente quando houver lucros
income effect
efeito renda
income group
grupo de rendas
income in respect of a decedent
rendas de um falecido
income property
bem de produção; propriedade que gera rendas
income redistribution
redistribuição de renda
income replacement
reposição de rendas
income splitting
divisão de rendas
income statement
declaração de rendimentos; demonstração de lucros e perdas
income stream
fluxo de rendas
income tax
imposto de renda
income tax return
declaração de imposto de renda
incompatible *(computer)*
incompatível
incompetent
incompetente; incapaz
incontestable clause
cláusula incontestável
inconvertible money
dinheiro não conversível
incorporate
constituir uma sociedade
incorporation
formação de sociedade
incorporeal property
bem incorpóreo; propriedades incorpóreas
incremental analysis
análise incremental
incremental cash flow
aumentoa no fluxo de caixa; fluxo de caixa incremental
incremental spending
despesas incrementais
incurable depreciation
depreciação irreparável
indemnify
indenizar; reparar
indemnity
indenização
indent *(computer)*
ordem de compra *(computação)*
indenture
escritura; contrato multilateral
independence
independência
independent adjuster
ajustador externo; ajustador independente
independent contractor
construtor independente; trabalhador autônomo ; contratante independente
independent store
armazém

independent union
sindicato independente
independent variables
variáveis independente
indeterminate premium life insurance
seguro de vida Premium indeterminado
index
índice
index basis
base de índice
index fund
fundo que aplica nos índices das bolsas de valores; fundos indexados
index lease
arrendamento segundo o índice
index options
opções sobre índices de ações
indexation
indexação
indexed life insurance
seguro de vida reajustável
indexed loan
empréstimo reajustável; empréstimo indexado
indexing
comparação
indirect cost
custo indireto; sobrecustos
indirect labor
mão-de-obra indireta
indirect overhead
despesas gerais indiretas
indirect production
produção individual
individual bargaining
negociação individual
individual life insurance
seguro de vida individual
individual retirement account (IRA)
conta de aposentadoria americana
inductive reasoning
razoamento indutivo
industrial
industrial

industrial advertising
publicidade industrial
industrial consumer
consumidor industrial
industrial engineer
engenheiro industrial
industrial fatigue
esgotamento industrial
industrial goods
produtos industriais
industrial park
parque industrial
industrial production
produção industrial
industrial property
propriedade industrial
industrial psychology
psicologia industrial
industrial relations
relações industriais
industrial revolution
revolução industrial
industrial union
união industrial
industrialist
industrialista
industry
indústria; ramo de negócios
industry standard
padrão industrial
inefficiency in the market
ineficiência no mercado
infant industry argument
indústria nascente
inferential statistics
inferencia estatística
inferior good
bem inferior
inferred authority
autoridade inferida
inflation
inflação
inflation accounting
contabilidade de custos; contabilidade ajustada; contabilidade corrigida
contabilidade em dólar constante
inflation endorsement
endosso inflacionário

inflation rate
taxa de inflação
inflationary gap
hiato inflacionista
inflationary spiral
espiral inflacionista
informal leader
líder informal
information flow *(computer)*
fluxo de dados *(computação)*
information page *(computer)*
página de informação *(computação)*
information return
retorno de informação
infrastructure
infra-estrutura
infringement
violação de direitos autorais; violação de direitos de autor (P)
ingress and egress
receitas e despesas
inherent explosion clause
cláusula de explosão inerente
inherit
herdar
inheritance
herança
inheritance tax
imposto de transmissão causa mortis; imposto de sucessões; direitos de sucessão
in-house
interno; na casa; nas próprias instalações; dentro da empresa
initial public offering (IPO)
oferta pública de venda; oferta pública primária de ações
initiative
iniciativa
injuction
mandato judicial; medida cautelar
injuction bond
caução de mandato judicial
injury independent of all other means
lesões sem a intervenção de outros meios

inland carrier
transporte terrestre
inner city
centro decadente
innovation
inovação
input *(computer)*
Entrada *(computação)*
input field *(computer)*
campo de entrada *(computação)*
input mask *(computer)*
máscara de edição *(computação)*
input-output device *(computer)*
dispositivo de entrada e saída *(computação)*
inside information
informação privilegiada
inside lot
lote interno
insider
interno; confidente; privilegiado; pessoa que detém informações privilegiadas que ainda não são de conhecimento público
insolvency clause
cláusula de insolvência
inspection
fiscalização
installation *(computer)*
instalação *(computação)*
installment
prestação
installment contract
contrato a prestação
installment sale
venda a prazo; venda a prestações
institutional investor
investidor institucional
institutional lender
prestamista institucional
instrument
instrumento; documento; título; papel
instrumentalities of transportation
documentação de transporte
instrumentality
instrumentalidade

insurability
segurança
insurable interest
bem segurável
insurable title
título segurável
insurance
seguro
insurance company
companhia de seguros
insurer
segurador
insurance contract
contrato de seguro
insurance coverage
cobertura do seguro
insurance settlement
acordo de seguro
insure
segurar; assegurar; garantir
insured
segurado
insured account
conta segurada
insurgent
insurgente
intangible asset
ativos intangíveis; ativos representativos de direito (patentes, títulos, fundo de comércio, etc.)
intangible reward
gratificação intangível
intangible value
valor intangível
integrated circuit
circuito integrado
integration, backward
integração reversa
integration, forward
integração de empresa de produção e distribuição
integration, horizontal
integração horizontal
integration, vertical
integração vertical
integrity
integridade

interactive *(computer)*
interativo *(computação)*
interactive system
sistema interativo
interest
1.interesse; participação
2.juro
interest group
grupo de interesse
interest rate
taxa de juros
interest sensitive policies
apólices suscetíveis a juros
interest-only loan
empréstimo com juros
interface
ligar; conectar; relacionar
interim audit
auditoria interna
interim financing
financiamento interno
interim statement
declaração interina; balanço preliminar
interindustry competition
competência entre indústrias
interlocking directorate
diretoria formada pelas mesmas pessoas que dirigem várias empresas do mesmo grupo
interlocutory decree
decreto interlocutório;
intermediary
intermediário; mediador
intermediate goods
bens intermediários
intermediate term
prazo intermediário
intermediation
intermediação
intermittent production
produção intermitente
internal audit
auditoria interna
internal check
cheque interno
internal control
controle interno

internal expansion
expansão interna
internal financing
financiamento interno
internal memory *(computer)*
memória interna *(computação)*
internal modem *(computer)*
modem interno *(computação)*
internal rate of return (IRR)
taxa interna de retorno
Internal Revenue Service (IRS)
Secretaria da Receita Federal
International Bank for Reconstruction and Development (IBRD)
Banco Internacional para a Reconstrução e Desenvolvimento (BIRD-banco mundial)
international cartel
cartel internacional
international law
direito internacional
International Monetary Fund (IMF)
Fundo Monetário Internacional (FMI)
International Monetary Market (IMM)
Mercado Monetário Internacional (MMI)
international union
união internacional
internet
internet
internet protocol (IP) address
identificação numérica dos computadores
internet service provider
provedor de serviços Internet
interperiod income tax allocation
diferimento contábil de imposto de renda
interpleader
defesa contra terceiros
interpolation
interpolação
interpreter
intérprete
interrogatories
questionários
interval scale
escala de intervalos
interview
entrevista; conferência
structured interview
entrevista estruturada
unstructured interview
entrevista desestruturada
interviewer basis
tendência do entrevistador
intestate
intestado; sem testamento ou com testamento nulo
intraperiod tax allocation
imposto dentro do estado financeiro; apropriação de impostos entre períodos
intrinsic value
valor intrínseco
inventory
inventário
inventory certificate
atestado de gerência relativo ao inventário; atestado de inventário
inventory control
controle das existencias
inventory financing
financiamento das existencias
inventory planning
planejamento de estoques; planejamento de inventário
inventory shortage (shrinkage)
falta de estoques (diminuição)
inventory turnover
rotatividade de estoques, rotação de estoques
inverse condemnation
ação intentada contra a administração pública para cobrança do pagamento de um bem desapropriado
inverted yield curve
curva de rentabilidade invertida
invest
investir; aplicar
investment
investimento

investment advisory service
serviço de consultoria em investimentos;
investment banker
banqueiro de investimentos
investment club
clube de investimentos
investment company
companhia de investimentos
investment counsel
assessor de investimentos
investment grade
grau de investimento
investment interest expense
despesas de juros por investimento
investment life cycle
ciclo de vida do investimento
investment strategy
estratégia de investimentos
investment trust
fundo de investimento
investor relations department
departamento de relações de investidores
invoice
fatura; nota; relação; conta
involuntary conversion
conversão involuntária; perda da posse do bem (por desapropriação, destruição, confisco, roubo ou furto)
involuntary lien
gravame involuntário
involuntary trust
fideicomisso involuntário
involuntary unemployment
desemprego involuntário
inwood annuity factor
fator de anuidade inwood
iota
pouquinho
irregulars
irregulares
irreparable harm
dano irreparável
irreparable damage
dano irreparável
irretrievable *(computer)*
irrecuperável; irrecobrável *(computação)*
irrevocable
irrevogável
irrevocable trust
fideicomisso irrevogável
issue
s. emissão; promulgação; saída pretensão; questão; lide
v. emitir; promulgar
issued and outstanding
emitidas e em circulação
issuer
emissor; emitente
itemized deductions
deduções detalhadas
iteration
iteração
itinerant worker
trabalhador ambulante

J

jawboning
tentativa de persuasão para que os demais atuem de certa maneira usando a influência ou pressão de um cargo superior.
J-curve
curva em J
job
emprego; missão; tarefa; serviço; empreitada; função
job bank
banco de empregos
job classification
classificação do trabalho
job cost sheet
folha do custo da tarefa
job depth
alcanço do trabalho; poder de influência de um empregado
job description
descrição de função
job evaluation
avaliação de cargo; avaliação do trabalho
job jumper
ponte de trabalho
job lot
lote negociável de mercadorias
job order
pedido; encomenda; ordem de serviço; ordem de produção
job placement
colocação de trabalho
job rotation
rotação de trabalho
job satisfaction
satisfação no trabalho
job security
segurança no trabalho
job sharing
divisão de trabalho
job shop
seções de trabalho
job specification
perfil do posto
job ticket
trabalho eletronico
jobber
empreiteiro; tarefeiro; corretor; intermediário
joint account
conta conjunta
joint and several liability
responsabilidade conjunta e solidária
joint and survivor annuity
anuidade paga aos beneficiários depois da morte do titular
joint fare, joint rate
tarifa combinada
joint liability
co-obrigação; responsabilidade conjunta
joint product cost
custo conjunto do produto
joint return
declaração de renda conjunta
joint stock company
sociedade por ações
joint tendency
tendência conjunta
joint venture
parceria; associação; consórcio; empreendimento conjunto; mutirão
jointly and severally
conjunta e solidariamente
journal
diário; livro diário; jornal
journal entry
lançamento de diário
journal voucher
comprovante de lançamento

journalize
lançar no diário; contabilizar
journeyman
operário diarista; trabalhador diarista
judgment
julgamento
judgment creditor
exeqüente
judgment debtor
executado
judgment lien
penhora judicial; gravame imposto à propriedade por determinação judicial; vínculo jurídico que passa a existir após sentença transitada em julgado; ônus judicial; gravame judicial
judgment proof
imune aos efeitos da sentença
judgment sample
amostragem por julgamento
judicial bond
caução judicial
judicial foreclosure or **judicial sale**
venda judicial
jumbo certificate of deposit
certificado de depósito por uma quantia maior

junior issue
emissão subordinada
junior lien
gravame subordinado ou secundário
junior mortgage
hipoteca subordinada; hipoteca secundária
junior partner
sócio minoritário; sócio menor
junior security
título mobiliário subordinado; título mobiliário de segunda linha
junk bond
título podre; título de alto risco; obrigações especulativas
jurisdiction
jurisdição
jurisprudence
jurisprudência
jury
júri
just compensation
justa compensação; compensação legítima
justifiable
justificável
justified price
preço justificado

K

Keogh plan
plano Keogh (conta de plano
de aposentadoria com tributação
diferida, idealizada para
funcionários de pequenas
empresas ou profissionais
autônomos)
key *(computer)*
tecla *(computação)*
**key person life and health
insurance**
seguro de vida e incapacidade do
empregado chave
key-area evaluation
modelo de análise definido por Peter
Drucker
keyboard *(computer)*
teclado *(computação)*
kickback
propina; suborno
kicker
incentivo; bonificação ou
convertibilidade em ação para que
uma debênture ou obrigação seja mais
atraente
kiddie tax
imposto para crianças de menos de
14 anos
killing
grande jogada, grande negócio
kiting
emissão de cheques sem provisão de
fundos na esperança de cobri-lo
quando compensado
know-how
conhecimento; tecnologia; tarimba;
saber
knowledge intensive
alto nível de conhecimento
know-your-customer rule
normas para conhecer os dados dos
clientes
kudos
reconhecimento outorgado por uma
entidade pelos êxitos ou lucros
obtidos.

L

labeling laws
leis de rotulagem
labor
trabalho; mão de obra
labor agreement
contrato de trabalho
labor dispute
questão trabalhista; dissídio trabalhista; conflito trabalhista
labor force
força de trabalho
labor intensive
intensividade de mão de obra
labor mobility
mobilidade de mão-de-obra
labor piracy
pirataria no trabalho
labor pool
fundo trabalhista
labor union
sindicato de trabalhadores
laches
decadência; negligência
lading
carga; frete
lagging indicator
indicador de ocorrência econômica
LAN (local area network) *(computer)*
Estações Transmissoras de rede local *(computação)*
land
terra; terreno
land bank
banco de crédito rural; banco agrícola
land contract
contrato de venda ou compra de terreno a prestação geralmente com reserva de domínio; contrato imobiliário; escritura de compra e venda de terras

land development
desenvolvimento de terrenos; melhoramento urbano
land trust
fideicomisso sobre bem imóvel
landlocked
enclavado; sem litoral
landlord
senhorio; proprietário de terra; arrendador
landmark
marco; divisório; importante; excepcional
landscape (format) *(computer)*
paisagem (formato) *(computação)*
land-use intensity
produtividade das terras
land-use planning
planejamento de uso do solo
land-use regulation
normas sobre a utilização de terrenos
land-use succession
sucessão na utilização de terrenos
lapping
desfalque por compensação sucessiva de cobranças
lapse
decurso de tempo; vencimento; lapso; vencido
lapsing schedule
programa vencido; mapa de vencimentos; mapa de cálculo de depreciação por grupo de bens
last in, last out (LIFO)
último a entrar/ primeiro a sair
last sale
última venda
latent defect
vício oculto
latitude
latitude

law
lei; legislação; direito
law of diminishing returns
lei dos retornos decrescentes
law of increasing costs
lei dos custos crescentes
law of large numbers
lei dos números grandes
law of supply and demand
lei da oferta e da procura
lay off
s. dispensa; demissão
v. dispensar empregado
lead time
tempo de preparação; tempo de execução; prazo de entrega
leader
líder; dirigente
leader pricing
preços líderes
leading indicators
índices principais
lease
contrato de arrendamento; aluguel; locação
lease with option to purchase
locação com opção de compra
leasehold
propriedade arrendada
leasehold improvement
benfeitoria em propriedade arrendada; melhoramentos em imóvel alugado
leasehold insurance
seguro da propriedade arrendada
leasehold mortgage
hipoteca de propriedade arrendada
leasehold value
valor da propriedade arrendada
least-effort principle
lei do menor esforço; princípio do mínimo esforço
leave of absence
licença para ausentar-se do trabalho
ledger
livro; razão
legal entity
pessoa jurídica

legal investment
investimento legal
legal list
investimento garantido por lei
legal monopoly
monopólio legal
legal name
nome civil; denominação legal
legal notice
notificação legal
legal opinion
opinião legal; consulta jurídica
legal right
direito subjetivo; direito natural ou contratual
legal tender
moeda de curso legal
legal wrong
erro legal
legatee
legatário
lender
credor; financiador
less than carload (L/C)
carga menor do que um vagão ou contêiner
lessee
arrendatário; locatário; inquilino
lessor
arrendador; locador
letter of intent
carta de intenções; pré-contrato
letter stock
colocação privada de acções ordinárias
level debt service
serviço da dívida nivelado
level out
nivelar
level premium
prêmio nivelado
level-payment income stream
fluxo de rendas a prazo fixo
level-payment mortgage
hipoteca de pagamentos nivelada
leverage
alavancagem financeira

s. grau; capacidade de endividamento;
influência
v. alavancar; financiar a dívida
leveraged buyout (LBO)
aquisição alavancada; aquisição
financiada por empréstimos
leveraged company
empresa com passivo financeiro
elevado
leveraged lease
arrendamento com alavancagem
levy
s. imposto; taxação; tributo
v. lançar tributo; coletar; confiscar
liability
obrigação; encargo; passivo,
responsabilidade, dívida
liability dividend
dividendos pagos com passivos;
dividendo pago na forma de títulos
liability insurance
seguro de responsabilidade
liability, business exposures
responsabilidade e riscos comerciais
liability, civil
responsabilidade civil
liability, criminal
responsabilidade penal
liability, legal
responsabilidade legal
liability, professional
responsabilidade profissional
liable
responsável; obrigado
libel
difamação escrita; crime de
imprensa
license
licença
license bond
garantia da licença
license law
leis sobre atividades que precisam de
licenças
licensee
Licenciado; concessionário
licensing examination
avaliação de licença

lien
ônus; gravame; penhor
life cycle
ciclo de vida
life estate
direito vitalício sobre bem
life expectancy
expectativa de vida
life tenant
proprietário vitalício
lighterage
transporte de bens em barcaças
like-kind property
propriedade similar
limit order
ordem com preço limitado
limit up
limite máximo
limit down
limite mínimo
limited audit
auditoria limitada
limited company
companhia de responsabilidade
limitada
limited distribution
distribuição parcial
limited liability
responsabilidade limitada
limited occupancy agreement
acordo de ocupação limitada
limited or special partner
sócio comanditário
limited partnership
sociedade por quotas de
responsabilidade limitada
**limited payment life
 insurance**
seguro de vida de pagamentos
limitados
line
linha de parentesco
line and staff organization
organização de linha e assessoria
line of authority
via hierárquica
line control
controle da linha

line extension
extensão da linha
line function
função de linha
line management
gestão de linha; gerência de linha
line of credit
linha de crédito
line organization
organização linear
line pitch *(computer)*
separação de linhas *(computação)*
line printer
impressora de linhas
link *(computer)*
vínculo *(computação)*
linked object *(computer)*
objeto vinculado *(computação)*
liquid asset
ativos líquidos
liquid crystal display (LCD) *(computer)*
visor de cristais líquidos *(computação)*
liquidate
liquidar; pagar; encerrar; acertar
liquidated damages
danos apurados
liquidated debt
dívida liquidada; débitos liquidados
liquidated value
valor apurado; valor para liquidação
liquidation
liquidação
liquidation dividend
dividendo pago
liquidity
liquidez
liquidity preference
preferência de liquidez
liquidity ratio
índice de liquidez; taxa de liquidez
list
s. relação; lista
v. discriminar; mencionar; listar; relacionar
list price
preço de tabela; preço de lista

listed options
opções da Bolsa
listed security
ação registrada na Bolsa; valor cotado em Bolsa
listing
contrato de corretagem da venda de imóveis; contrato de corretagem de venda de títulos mobiliários
listing agent, listing broker
corretor
listing requirements
exigencias para o registro na Bolsa
litigant
litigante
litigation
litígio; demanda; processo; ação judicial; causa judicial
living trust
fideicomisso vitalício
load
s. carga; peso, volume de trabalho
v. carregar
load fund
fundo mútuo
loan
s. empréstimo; mútuo; comodato
v. emprestar
loan application
solicitação de empréstimo
loan committee
comissão de empréstimo
loan value
valor para o levantamento de empréstimo
loan-to-value ratio (LTV)
relação existente entre o valor de um empréstimo hipotecário e o valor estimado dos títulos
lobbyist
lobistas; pessoa que faz lobby
lock box
caixa forte
locked in
comprometido
lockout
greve patronal

lock-up option
opção de lucro a longo prazo
log in *(computer)*
registrar *(computação)*
log on *(computer)*
iniciar sessão *(computação)*
log off *(computer)*
terminar sessão *(computação)*
logic diagram *(computer)*
diagrama lógico *(computação)*
login identification (login ID) *(computer)*
identificação para iniciar sessão *(computação)*
logo
logotipo
long bond
obrigação a longo prazo a mais de 10 anos
long coupon
cupom a longo prazo
long position
posição futura (mercado financeiro e de mercadorias)
longevity pay
prestação por longevidade
long-range planning
planejamento de longo prazo
long-term debt
dívida a longo prazo
long-term liability
passivo de longo prazo
long-term gain (loss)
ganho (perda) a longo prazo
long-term trend
tendência a longo prazo
long-wave cycle
ciclo de Kondratieff
loop
circuito fechado
loophole
lacuna legal; falha; saída; escapatória; brecha nas leis fiscais
loose rein
pouco controle
loss
perda; dano; déficit; prejuízo

loss adjustment
ajuste de perdas
loss carryback
compensação retroativa; prejuízos líquidos que podem ser computados para cálculo de impostos de anos anteriores
loss carryforward
compensação; prejuízos que podem ser incluídos nos impostos dos anos subsequentes
loss contingency
passivo contingente
loss leader
boi de piranha; venda de certos produtos abaixo do custo para atrair compradores à loja
loss of income insurance
seguro de lucros cessantes
loss ratio
rácio de perda; taxa de prejuízo(1); coeficiente de perdas(2)
lot and block
lote e bloco
lot line
linha de lote
lottery
loteria
low
baixo
low resolution *(computer)*
baixa resolução *(computação)*
lower case character/letter *(computer)*
letra minúscula *(computação)*
lower of cost or market
valor mais baixo (custo ou mercado) ; avaliação de ativo pelo que for mais baixo ou o valor atual de mercado
lower-involvement model
modelo de participação menor
low-grade
de baixa qualidade; baixo nível; de segunda
low-tech
de baixa tecnologia
lump sum
soma total; quantia global; preço

global; preço do lote completo
lumpsum distribution
distribuição global
lump-sum purchase
compra com pagamento único;
aquisição de bens pelo preço

global
luxury tax
imposto sobre bens suntuosos;
imposto sobre supérfluos; imposto
sobre bens de luxo; imposto
suntuário

M

macro *(computer)*
macro *(computação)*
macroeconomics
macroeconomia
macroenvironment
macroambiente
magnetic card
cartão magnético
magnetic card *(computer)*
cartão magnético *(computação)*
magnetic strip *(computer)*
banda magnética *(computação)*
mail fraud
fraude realizado pela correspondência
mailbox *(computer)*
caixa postal *(computação)*
mailing list
mala direta; lista de endereços
main menu *(computer)*
menu principal *(computação)*
mainframe
computador principal; processador central
mainframe *(computer)*
processador central *(computação)*
maintenance
manutenção; conservação; apoio; defesa; sustento; subsistência
maintenance bond
garantia de manutenção
maintenance fee
taxa de manutenção
maintenance method
método de manutenção
majority
majoritário; maioridade; maioria
majority shareholder
acionista majoritário
maker
emitente

make-work
criação de trabalho
malicious mischief
dano deliberado
malingerer
simulador de doença
malingering
simulação de doença
mall
centro comercial; shopping center
malpractice
imperícia; incompetência; erro profissional: negligência profissional; prática de má fé
manage
administrar; dirigir; gerir
managed account
conta controlada
managed currency
moeda controlada
managed economy
economia dirigida
management
administração; direção; gerência; gestão; manejo
management agreement
contrato de administração
management audit
auditoria de gestão
management by crisis
administração por crise
management by exception
gestão por exceção
management by objective (MBO)
administração por objetivos
management by walking around (MBWA)
gestão itinerante
management consultant
assessor em administração
management cycle
ciclo administrativo

management fee
taxa de gestão; taxa de administração
management game
jogo de empresa
management guide
guia administrativa
management information system (MIS)
sistema de informações à gerência
management prerogative
prerrogativa administrativa
management ratio
índice administrativo
management science
ciência administrativa
management style
estilo administrativo
management system
sistema de gestão
manager
gerente; administrador
managerial accounting
contabilidade administrativa
managerial grid
grelha de gestão
mandate
mandato; procuração
mandatory copy
cópia obrigatória
man-hour
hora-homem
manifest
adj. manifesto; visível; evidente; óbvio; claro; notório
v. manifestar; evidenciar; revelar; demonstrar
manipulation
manipulação
manual
manual
manual skill
habilidade manual
manufacture
s. manufatura; fabricação
v. manufaturar; fabricar
manufacturing cost
custo de fabricação
manufacturing inventory
inventário de fabricação
manufacturing order
ordem de fabricação
map
mapa
margin
margem; lucro; ganho
margin account
conta margem
margin call
pedido de margem; pedido de aumento de depósito para operações de futuros
margin of profit
margem de lucros
margin of safety
margem de segurança
marginal cost
custo marginal; custo diferencial
marginal cost curve
curva de custo marginal
marginal efficiency of capital
eficiência marginal de capital; taxa de retorno esperada sobre um aumento no capital
marginal producer
produtor de capital
marginal propensity to consume (MPC)
propensão marginal a consumir
marginal propensity to invest
propensão marginal a investir
marginal propensity to save (MPS)
propensão marginal a poupar
marginal property
propriedade marginal
marginal revenue
receita marginal
marginal tax rate
taxa marginal de tributação
marginal utility
utilidade marginal
margins
margens
marital deduction
valor que pode ser deduzido do total de imposto de transmissão a pagar

quando a transferência é feita de um cônjuge para outro
mark to the market
ajuste ao valor do mercado
markdown
redução de preço; remarcação
market
mercado
market aggregation
agregação do mercado
market analysis
análise do mercado
market area
área do mercado
market basket
portfolio de ações
market comparison approach
método de comparação de mercado
market demand
demanda de mercado
market development index
índice do desenvolvimento do mercado
market economy
economia de mercado
market equilibrium
equilíbrio de mercado
market index
índice do mercado
market letter
Publicações distribuidas pelas firmas corretoras dando suas opiniões com relação o mercado e aconselhando a compra ou venda de ações
market order
documento do cliente ao corretor consubstanciando a ordem dada; ordem dada ao preço de mercado
market penetration
penetração no mercado
market price
preço de mercado
market rent
renda do mercado
market research
pesquisa de mercado

market segmentation
segmento do mercado
market share
participação de mercado
market system
sistema de mercado
market test
teste de mercado
market timing
procura do investidor de um melhor retorno
market value
valor no mercado
market value clause
cláusula de valor no mercado
marketability
liquidez; comerciablidade
marketable securities
títulos negociáveis
marketable title
título sujeito ao comércio; título negociável
marketing
comercialização; mercadologia; promoção e vendas
marketing concept
conceito de marketing
marketing director
diretor de markenting
marketing information system
sistema de informação de comercialização
marketing mix
complexo de marketing. Conjunto de variáveis de marketing, controláveis pela empresa, num determinado ponto de tempo. Abrange preço, promoção : combinação de várias técnicas e opções de marketing
marketing plan
plano mercadológico; plano de marketing
marketing research
pesquisa de mercado
mark-up
remarcação de preços; margem de lucro

marriage penalty
penalidade impositiva por matrimônio por exemplo na declaração conjunta do imposto de renda
Marxism
marxismo
mask *(computer)*
máscara *(computação)*
mass appeal
apelação geral
mass communication
comunicação de massas
mass media
meios de informação; meios de comunicação de massa
mass production
produção em massa; fabricação em série; produção em larga escala
master boot record *(computer)*
registro mestre de inicialização *(computação)*
master lease
arrendamento principal
master limited partnership
parcerias com responsabilidade limitada
master plan
plano mestre; plano geral
master policy
apólice principal
master-servant rule
norma de trabalho
masthead
cabeçalho
matching principle
princípio da combinação
material
adj. material; substancial; necessário; importante; relevante; essencial
material fact
fato relevante
material man
entregador de material de construção
materiality
relevância
materials handling
manuseio de materiais

materials management
administração de materiais
matrix
matriz; primeiro traslado
matrix organization
organização matricial
mature economy
economia madura em crescimento
matured endowment
doação vencida
maturity
vencimento
maturity date
data do vencimento
maximize *(computer)*
maximizar
maximum capacity
capacidade máxima
M-CATS
M-CATS
mean, arithmetic
média aritmética
mean, geometric
média geométrica
mean return
devolução média
mechanic's lien
penhor legal; gravame sobre prédio para pagar mão-de-obra e material usado na construção ou reforma
mechanization
mecanização
media
meios de comunicação
media buy
compra de mídia; compra de média (P)
media buyer
comprador de mídia; comprador de média (P)
media plan
plano para mídia
media planner
planejador de mídia
media player
(computer)
reprodutor de mídia
(computação)

media weight
influência da mídia
mediation
mediação
medical examination
exame médico
medium
médio
medium of exchange
meio de troca
medium-term bond
obrigação de prazo médio
meeting of the minds
encontro de vontades
megabucks
muito dinheiro
megabyte
megabyte
member bank
banco associado
member firm or member corporation
sociedade corretora membro da bolsa
memorandum
memorando
memory *(computer)*
memória *(computação)*
menial
criado
menu bar *(computer)*
barra de menus *(computação)*
mercantile
mercantil
mercantile agency
agência mercantil
mercantile law
direito comercial
mercantilism
mercantilismo
merchandise
mercadorias
merchandise allowance
provisão de mercadorias
merchandise broker
corretor de mercadorias
merchandise control
controle de mercadorias

merchandising
comercialização; anunciar, promover ou coordenar a venda de um produto; mercadologia
merchandising director
diretor de marketing
merchandising service
serviço de marketing
merchant bank
banco de investimento; banco de negócios; banco mercantil
merchantable
bem que serve para o uso para o qual foi vendido ou normalmente se destina
merge
incorporar-se; unir-se; associar-se; consolidar-se; fundir-se
merger
fusão; incorporação; absorção de uma empresa por outra; consolidação
merit increase
incremento no salário por méritos
merit rating
classificação por méritos
metes and bounds
divisas; limites
methods-time measurement (MTM)
método de medição de tempo
metric system
sistema métrico
metrication
métrica
metropolitan area
área metropolitana
microeconomics
microeconomia
micromotion study
estudo de micromovimento
midcareer plateau
metade do tempo profissional
middle management
gerência média
midnight deadline
vencimento à meia-noite; fechamento à meia-noite

migrate *(computer)*
migrar *(computação)*
migratory worker
trabalhador migrante
military-industrial complex
complexo industrial-militar
milking
maximização do lucro sem esforço do investimento
milking strategy
estratégia de maximização
mileage rate
taxa de milhagem
millionaire
milionário
millionaire on paper
milionário em ações
mineral rights
direito sobre o subsolo; direitos de exploração de minerais
minimax principle
princípio minimax
minimize *(computer)*
minimizar *(computação)*
minimum lease payments
pagamento de arrendamento mínimo
minimum lot area
área mínima
minimum pension liability
responsabilidade de pensão mínima
minimum premium deposit plan
plano de depósito de prêmios mínimo
minimum wage
salário mínimo
minor
menor; menor de idade; de pouca importância, secundário
minority interest or minority investment
participação minoritária
mintage
amoedação; cunhagem de moedas
minutes
ata; relatório; minutas; acta (P)
misdemeanor
contraventor; infrator
mismanagement
erro de apresentação; má administração
misrepresentation
declaração falsa semelhante à falsidade ideológica, mas não inclui a omissão de fato
misstatement of age
idade falsa
mistake
engano; erro
mistake of law
erro de direito
mitigation of damages
defesa indireta do mérito pelo qualo réu alega que o autor da ação não tomou as medidas necessárias para diminuir os efeitos do dano causado
mix
mistura
mixed economy
economia mista
mixed perils
perigos mistos
mixed signals
sinais mistas
mode
moda (estatística); modo; maneira; procedimento
model unit
unidade modelo
modeling
modelagem
modeling language
idioma modelo
modern portfolio theory (MPT)
teoria moderna de gestão de carteiras
modified accrual
aglomeração modificada
modified life insurance
seguro de vida modificado
modified union shop
empresa com trabalhadores a sindicar-se modificada
module *(computer)*
módulo *(computação)*
mom and pop store
estabelecimento de família
momentum
indicador da aceleração ou

desaleração dos preços
monetarist
monetarista
monetary
monetário
monetary item
item monetário
monetary reserve
reserva monetária
monetary standard
padrão monetário
money
dinheiro
money illusion
ilusão monetária; quando há aumento de consumo sem real aumento na renda
money income
receita monetária; entrada de dinheiro
money market
mercado de aplicações a curto prazo; mercado financeiro
money market fund
fundo de tesouraria
money supply
moeda em circulação; massa monetária; oferta monetária
monopolist
monopolista
monopoly
monopólio
monopoly price
preço de monopólio
monopsony
monopsônio; situação do mercado
monthly compounding of interest
incremento mensal de juros
monthly investment plan
plano de investimento mensal
month-to-month tenancy
aluguel mês a mês
monument
monumento; marco
moonlighting
situação em que um indivíduo tem mais do que um emprego

moral hazard
risco moral
moral law
consciência; lei moral
moral obligation bond
obrigação moral
moral persuasion
persuasão moral
morale
moral; espírito de trabalho
moratorium
moratória
mortality table
tabela de mortalidade
mortgage
hipoteca; penhor
mortgage assumption
assunção hipotecária
mortgage banker
empresa de crédito hipotecário
mortgage bond
título hipotecário garantido por uma hipoteca
mortgage broker
corretor hipotecário
mortgage commitment
compromisso hipotecário
mortgage constant
constante hipotecário
mortgage correspondent
correspondente hipotecário
mortgage debt
débito hipotecário; dívida hipotecária
mortgage discount
desconto hipotecário
mortgage insurance
seguro de crédito hipotecário
mortgage insurance policy
apólice de crédito hipotecário
mortgage lien
gravame hipotecário
mortgage out
compra de um bem através de garantia hipotecária do mesmo
mortgage relief
amparo hipotecário
mortgage servicing
serviço hipotecário

mortgage-backed certificate
certificado de apoio hipotecário
mortgage-backed security
hipoteca securitizada
mortgagee
credor hipotecário
mortgagor
devedor hipotecário
motion study
estudo de movimento
motivation
motivação
motor freight
frete motorizado
mouse *(computer)*
rato, mouse *(computação)*
mouse pad *(computer)*
mouse pad *(computação)*
movement
movimento
mover and shaker
acionador e agitador
moving average
média móvel
muckraker
grupo de escritores dos EUA de crítica social
multibuyer
multicomprador
multicasting *(computer)*
multidifusão *(computação)*
multicollinearity
multicolinearidade
multiemployer
empregador múltiplo
multiemployer bargaining
negociações de empregadores múltiplos
multifunction *(computer)*
multifunção *(computação)*
multimedia
multimídia; multimédia (P)

multinational corporation (MNC)
empresa multinacional
multiple
múltiplo
multiple listing
contrato de corretagem imobiliária prevendo a atuação de vários corretores
multiple locations forms
formulários de localização múltiplo
multiple regression
regressão múltipla
multiple retirement ages
idade de aposentadoria múltiplo
multiple shop
loja múltipla
multiple-management plan
plano de administração múltiplo
multiple-peril insurance
seguro contra perigos múltiplo
multiplier
multiplicador
multiuser *(computer)*
multi-usuário *(computação)*
municipal bond
título do governo municipal
municipal revenue bond
obrigação municipal
muniments of title
documentos que provam a propriedade de um imóvel
mutual association
associação mútua
mutual company
cooperativa de seguros; cooperativa de créditos
mutual fund
fundo de investimento; fundos mútuos
mutual insurance company
companhia de seguro marítimo
mutuality of contract
reciprocidade do contrato

N

naked option
opção ao descoberto
naked position
posição descoberta
name position bond
apólice segundo o nome dos empregados
name schedule bond
apólice de fidelidade aos empregados de um programa
named peril policy
seguro contra certos riscos
national wealth
riqueza nacional
nationalization
nacionalização
natural business year
ano fiscal
natural monopoly
monopólio natural
natural resources
recursos naturais
navigation *(computer)*
navegação *(computação)*
near money
o que pode ser imediatamente transformado em dinheiro
need satisfaction
quase dinheiro; ativos financeiros de alta liquidez
negative amortization
amortização negativa
negative carry
carga negativa; rendimento menor que o custo financeiro de posse
negative cash flow
fluxo de caixa negativo
negative correlation
correlação negativa
negative income tax
Imposto de renda negativo

negative working capital
capital de giro negativo
negligence
negligência; descuido; falta; culpa
negotiated price
preço negociado
negotiable
negociável
negotiable certificate of deposit
certificado de depósito negociável
negotiable instrument
título de crédito
negotiable order of withdrawal (NOW)
conta corrente
negotiated market price
preço de mercado negociado
negotiation
negociação; tratativa; entendimento
neighborhood store
negócio perto
neoclassical economics
economia neoclássica
nepotism
nepotismo
nest egg
pecúlio
net
líquido
net asset value (NAV)
valor patrimonial líquido
net assets
ativos líquidos
net book value
valor contábil líquido
net contribution
contribuição neta
net cost
custo líquido
net current assets
capital próprio; ativos correntes

líquidos
net income
renda líquida
net income per share of common stock
lucro líquido por ação comum
net leasable area
área total de aluguel
net lease
arrendamento neto
net listing
corretagem imobiliária que só incide sobre a operação a partir de um certo valor
net loss
prejuízo líquido
net national product
produto nacional líquido
net operating income (NOT)
renda operacional líquida
net operating loss (NOL)
perda operacional líquida
net present value (NPV)
valor presente líquido
net proceeds
rendimentos líquidos; entrada líquida
net profit
lucro líquido
net profit margin
margem de lucro líquido
net purchases
compras netas
net quick assets
ativo neto realizável
net rate
tarifa final
net realizable value
valor realizável líquido
net sales
vendas líquidas
net surfing *(computer)*
surfar na rede *(computação)*
net transaction
transação neta
net yield
rentabilidade líquida
network *(computer)*
rede *(computação)*

network administrator *(computer)*
administrador da rede *(computação)*
networking
interconexão em rede
new issue
nova emissão
new money
dinheiro novo
new town
cidade nova
newspaper syndicate
sindicato jornalístico
niche
nicho; posto
night letter
carta noturna
node *(computer)*
nó *(computação)*
no-growth
sem crescimento
no-load fund
fundo mútuo de investimentos que não cobra comissão dos investidores
nominal account
conta nominal
nominal damages
indenização nominal; indenização insignificante
nominal interest rate
taxa de juros nominal
nominal scale
escala nominal
nominal wage
salário nominal
nominal yield
rendimento nominal
nominee
fiduciário; figura aparente; nomeado; candidato
noncallable
não resgatável; não disponível
noncompetitive bid
oferta pública; oferta não competitiva
nonconforming use
uso não conforme; uso em desacordo

noncontestability clause
cláusula testamentária condicionando o legado à não impugnação do testamento pelo legatário
noncumulative preferred stock
ações não cumulativas; ações preferenciais sobre as quais os dividendos tem que ser distribuidos no exercício em questão
noncurrent asset
ativo não circulante; ativos realizáveis a longo prazo
nondeductibility of employer contributions
não dedutível das contribuições os empregadores
nondiscretionary trust
fideicomisso não discricionário
nondisturbance clause
cláusula de sobrevivência
nondurable goods
bens não duráveis
nonformatted *(computer)*
sem formatar *(computação)*
nonglare *(computer)*
não colisão *(computação)*
nonmember bank
banco não associado
nonmember firm
empresa não associada
nonmonetary item
item não monetário
nonnegotiable instrument
instrumento não negociável
nonoperating expense (revenue)
despesa não operacional
nonparametric statistics
estatísticas não paramétricas
nonperformance
não cumprimento; descumprimento
nonproductive
não produtivo
nonproductive loan
empréstimo não produtivo
nonprofit accounting
conta sem fins lucrativos
nonprofit corporation
sociedade sem fins lucrativos

nonpublic information
informação privilegiada
nonrecourse
sem recurso; sem garantia
nonrecurring charge
debito não decorrente
nonrefundable
não reembolsável
nonrefundable fee or nonrefundable deposit
depósito não reembolsável
nonrenewable natural resources
recursos naturais não renováveis
nonstock corporation
pessoa jurídica sem fins lucrativos
nonstore retailing
venda ao varejo sem lojas
nonvoting stock
ações sem direito a voto
no-par stock
ação sem valor nominal
norm
norma
normal price
preço regular
normal profit
lucro estimado
normal retirement age
idade regular de aposentadoria
normal wear and tear
desgaste normal
normative economics
economia normativa
no-strike clause
dispositivo que proíbe greves
not for profit
sem fins de lucro
not rated (NR)
não cotada; não qualificado
notarize
autenticar; legalizar; reconhecer firma
note
nota promissória; letra, título
note payable
obrigações a pagar
note receivable
obrigações a receber

notebook computer *(computer)*
computador portátil *(computação)*
notice
aviso; intimação
notice of cancellation clause
cláusula de aviso de cancelamento
notice of default
aviso de inadimplemento
notice to quit
denúncia a contrato de locação
novation
novação

NSF
sem fundos
nuisance
perturbação; turbação; aborrecimento; chateação
null and void
sem valor; sem validade; sem efeito
num lock key
(computer)
tecla NUM LOCK
(computação)

O

objective
objetivo; objectivo (P)
objective value
valor objetivo
obligation bond
título sem outra garantia a não
ser os recursos financeiros do
município
obligee
credor; titular
obligor
devedor; obrigado
observation test
teste mediante observação
obsolescence
obsolescência; obsoletismo
occupancy level
nível de ocupação
occupancy
ocupação; posse
occupant
ocupante; locatário
occupation
ocupação; posse; profissão; emprego;
trabalho
occupational analysis
análise profissional; análise
ocupacional
occupational disease
enfermidade profissional
occupational group
grupo profissional
occupational hazard
risco profissional
odd lot
lote incompleto; de diversos objetos,
saldos; lote de ações de poucas
unidades; lote fora de padrão
odd page *(computer)*
página impar
(computação)

odd-value pricing
preços com valores excedentes
off peak
baixa estação
off the balance sheet
exterior ao balanço
off the books
extra-contábil
off time
hora limite
offer
s. oferta; proposta; lance
v. oferecer; propor; ofertar;
apresentar
offer and acceptance
oferta e aceite
offeree
parte que recebe a proposta; quem
recebe uma oferta
offerer
ofertante; proponente;
policitante;
offering date
data de oferta
offering price
preço da oferta
office management
administração do escritório
official exchange rate
câmbio oficial
off-line *(computer)*
Inativo *(computação)*
off-price
abaixo do preço; promoção
off-sale date
data de desconto
offset
s. retificação; compensação
v. compensar
offshore
paraíso fiscal; no estrangeiro

off-site cost
custo externo
oil and gas lease
contrato de petróleo e gás
oligopoly
oligopólio
ombudsman
mediador; defensor público; relações públicas; auto crítico
omitted dividend
dividendo omitido
on account
pagamento parcial; em conta corrente; pagamento por conta; por conta
on demand
à vista; na apresentação; por solicitação; a pedido
on order
em pedido; pedido; pedidos ainda não recebidos
on speculation (on spec)
de especulação
onboard computer *(computer)*
computador de bordo *(computação)*
one-cent sale
venda de um por cento
one-hundred-percent location
localização de venda total
one-minute manager
gerente eficiente
one-time buyer
comprador de uma só vez
one-time rate
taxa de uma só aplicação
on-line *(computer)*
em linha *(computação)*
on-line data base
base de dados em linha
on-sale date
data de venda
on-the-job training (OJT)
exercício no trabalho; treinamento no local de trabalho
open account
conta aberta
open bid
proposta em aberto; oferta aberta

open dating
data limite ostensiva
open distribution
distribuição aberta
open economy
economia aberta
open house
evento aberto
open housing
alojamento aberto
open interest
posição aberta
open listing
contrato de venda com comissão
open mortgage
hipoteca aberta; hipoteca que não limita o montante do empréstimo garantido pela mesma
open order
ordem de compra em aberto; pedido em aberto
open outcry
pregão a viva voz
open shop
iniciar atividades
open space
lugar aberto
open stock
inventário aberto
open union
união aberta
open-door policy
política de porta aberta
open-end
aberto
open-end lease
arrendamento aberto
open-end management company
companhia administradora de fundo de investimentos ilimitada
open-end mortgage
crédito hipotecário ou pignoratício que permite novos empréstimos por conta da mesma garantia
opening
inicial; abertura
open-market rates
taxas de mercado aberto

open-to-buy
liberdade para comprar
operand
operação
operating cycle
ciclo operacional
operating expense
despesas operacionais
operation mode *(computer)*
modo operacional *(computação)*
operational audit
auditoria operacional
operational control
controle operacional
operations research (OR)
pesquisa operacional
operator *(computer)*
operador *(computação)*
opinion
voto judicial; fundamentos
opinion leader
líder de opinião
opinion of title
opinião de título
opportunity cost
custo de oportunidade
optical character recognition (OCR) *(computer)*
reconhecimento de caracteres óticos *(computação)*
optical fiber *(computer)*
fibra ótica; fibra óptica (P) *(computação)*
optimum capacity
capacidade ótima
option
opção
option holder
titular da opção
optional modes of settlement
modos opcionais de liquidação
or better
ao melhor preço
oral contract
contrato verbal
orange goods
bens que mudamos pela moda

order
mandado; ordem judicial; decisão judicial; sentença
order bill of lading
conhecimento de embarque à ordem da pessoa indicada
order card
cartão de pedidos
order entry
entrada de pedido
order flow pattern
padrão de fluxo de pedidos
order form
nota de encomendado; formulário de pedido
order number
número de pedido
order paper
ordem do dia
order regulation
regulação de pedidos
order-point system
sistema de ponto de pedido
ordinal scale
escala ordinal
ordinance
ordenação; decreto; lei; regulamento
ordinary and necessary business expense
despesas de negócios ordinários e necessários
ordinary annuity
anuidade paga no final do período
ordinary course of business
curso normal de negócios
ordinary gain or ordinary income
renda ou receita ordinária
ordinary interest
juros simples
ordinary loss
perda ordinária
ordinary payroll exclusion endorsement
endosso de uma exclusão da folha de pagamento ordinária
organization
organização; entidade

organization cost
custo organizacional
organization development
desenvolvimento organizacional
organization planning
planejamento organizacional
organization structure
estrutura da organização
organizational behaviour
desempenho da organização
organizational chart
organograma
organized labor
sindicalismo
orientation
orientação
original cost
custo original ou histórico
original entry
registro cronológico
original issue discount (OID)
desconto da primeira emissão de ações
original maturity
vencimento original
original order
ordem original
origination fee
custo de iniciação
originator
iniciador
other income
outras receitas
other insurance clause
cláusula de seguro
other people's money
dinheiro alheio
out of the money
fora do preço
outbid
dar lance superior
outcry market
mercado de leilões
outlet store
ponto de venda
outline view *(computer)*
vista de contorno
(computação)

outside director
diretor sem vínculo com a administração; diretor externo
outsourcing
terceirização; contratação de terceiros
outstanding
a pagar; no mercado; em mãos de terceiros; pendente; a compensar
outstanding balance
saldo a pagar; saldo pendente
outstanding capital stock
ações de capital em circulação
over (short)
excedente (faltante)
over the counter (OYC)
de balcão
overage
excedente
overall expenses method
método de despesas globais
overall rate of return
taxa de retorno total
over-and-short
sobras e faltas
overbooked
supersaturado; superlotado; sobrevendido; sobreexcedente
overbought
sobreaquecido
overcharge
sobretaxa; cobrar a mais
overflow
sobrecarga; excesso
overhang
excedente
overhead
despesas gerais de fabricação; custo de pessoal; despesas indiretas
overheating
super aquecido
overimprovement
melhoramento em excesso
overissue
emissão excessiva
overkill
excessivo
overpayment
pagamento excessivo

overproduction
superprodução
override
derrogar
overrun
orçamento ultrapassado; sobrecustos
over-the-counter retailing
varejo de balcão
overtime
hora extra; hora extraordinária (P); trabalho suplementar
overtrading
excesso de atividade; comprometimento do capital

overvalued
supervalorizado
overwrite
(computer)
overwrite; sobrescribir
(computação)
owner-operator
proprietário-operador
ownership
propriedade; domínio; senhoria; direito real; participação; interesse, posse, título
ownership form
formulário de propriedade

P

p value
valor *p*
pacesetter
trabalhador modelo
package
pacote; embalagem
package band
banda de embalagem
package code
código de embalagem
package design
desenho do pacote
package mortgage
hipoteca que inclui o mobiliário
packaged goods
mercadorias empacotadas
packing list
relação de pacotes; romaneio; lista de embarque
padding
preenchimento
page break *(computer)*
quebra de página *(computação)*
page down *(computer)*
página abaixo *(computação)*
page format *(computer)*
formato da página *(computação)*
page up *(computer)*
página acima *(computação)*
pagination *(computer)*
paginação *(computação)*
paid in advance
pagamento adiantado
paid status
estado de pago
paid-in capital
capital integralizado
paid-in surplus
superávit resultante de contribuição do acionista
paintbrush *(computer)*
pincel *(computação)*
painting the tape
manipulação ilegal de valores
palmtop *(computer)*
computador de mão *(computação)*
paper
papel; título; valor mobiliário
paper gold
papel-ouro
paper jam *(computer)*
obstrução de papel *(computação)*
paper money
papel-moeda; cédula
paper profit (loss)
lucro (perda) não realizado(a); lucro ficto; lucro contábil
par
par; nominal; igual; ao par
par bond
título negociado ao par
par value
valor nominal
paralegal
técnico jurídico sem diploma; paralegal
parallel connection *(computer)*
conexão paralela *(computação)*
parallel processing
processamento paralelo
parameter
parâmetro; padrão
parcel
s. pacote; encomenda; pequeno lote de terra; parcela de terreno (P)
v. repartir; distribuir; dividir; embrulhar
parent company
matriz; companhia controladora

parity
paridade; paritário
parity check
cheque de paridade
parity price
preço paritário; preço de paridade
parking
aparcamiento
parliament procedure
procedimento do parlamento
partial delivery
entrega parcial
partial release
liberação parcial
partial taking
tomada parcial
partial-equilibrium analysis
análise de equilíbrio parcial
participating insurance
seguro com participação nos lucros
participating policy
apólice de participação
participating preferred stock
ações preferenciais
participation certificate
certificado de participação
participation loan
empréstimo de participação
participative budgeting
orçamento participativo
participative leadership
liderança participativa
partition
partilha; divisão; repartição
partner
sócio; associado
partnership
sociedade; associação; negócio; contrato
part-time
horário reduzido, meio período
passed dividend
dividendo que deixa de ser declarado na época habitual
passenger mile
passageiro por milha
passive activities
atividades passivas
passive income (loss)
renda (perda) passiva
passive investor
investidor passivo
passport
passaporte
pass-through security
valores de transferência
password *(computer)*
senha; código *(computação)*
past service benefit
benefício do período de emprego
paste *(computer)*
colar *(computação)*
patent
patente
patent infringement
violação do direito de invenção
patent monopoly
monopólio legal
patent of invention
patente de invenção
patent pending
patente requerida pendente de registro
patent warfare
bem-estar da patente
paternalism
paternalismo
path *(computer)*
caminho *(computação)*
patronage dividend and rebate
dividendo e desconto outorgado à clientela
pauper
necessitado; pobre; indigente
pay
s. pagamento;salário; ordenado
v. pagar
pay as you go
pagar na medida do uso; pagamento segundo o uso
pay period
período de pagamento; período do retorno do investimento
payables
pagável; (a ser) pago; (para) pagamento; a pagar

payback period
período de retorno de um investimento
paycheck
cheque através do qual é feito o pagamento do salário; contracheque
payday
dia de pagamento
payee
beneficiário; credor; favorecido
payer
sacador; devedor; o que tem a obrigação de pagar
paying agent
agente para fins de efetuar pagamento
payload
carga útil
payment bond
caução para garantir pagamento
payment date
data de pagamento
payment in due course
pagamento na data devida
payment method
método de pagamento
payola
suborno
payout
relação entre dividendo por ação e lucro por ação; rendimento
payout ratio
índice que expressa a relação entre dividendo por ação e lucro por ação; taxa de rendimento
payroll
folha de pagamento
payroll deduction
dedução da folha de pagamento
payroll savings plan
plano de poupança da folha de pagamento
payroll tax
imposto sobre folha de pagamento
peak
pico; ponta; máximo
peak period
período de mais movimento

peculation
peculato ; desfalque
pecuniary
pecuniário(a); monetário(a)
peg
sustentar o preço de um produto; fixar o preço; estabilizar preços de cotações
penalty
multa; penalidade
penny stock
ação cotada a preço abaixo de um dólar; ações abaixo de uma unidade da moeda
pension fund
fundo de pensão
peon
serviçal; peão; tropeiro
people intensive
uso intensivo de pessoal
per capita
por cabeça ou habitante; per cápita
per diem
por dia; despesa fixa diária
per-capita debt
débito per cápita
percent, percentage
percentagem
percentage lease
aluguel cobrado em forma de percentagem sobre um negócio
percentage-of-completion method
método de percentagem
percentage-of-sales method
método de percentagem de vendas
percolation test
teste de absorção
perfect (pure) monopoly
monopólio perfeito
perfect competition
competição perfeita
perfected
aperfeiçoado
performance
desempenho
performance bond
seguro garantia; garantia para o cumprimento de desempenho de

obrigação contratual
performance fund
fundo de investimento que objetiva a realizar ganhos superiores à média
performance stock
ações de resultado
period
período; risco
period expense
despesas do exercício
period cost
custo do período
periodic inventory method
método de inventário periódico
peripheral device (computer)
periférico;dispositivo periférico (computação)
perishable
perecível
perjury
perjúrio; falso testemunho; quebra de juramento
permanent difference
diferença permanente (entre lucro contábil e tributável)
permanent financing
financiamento permanente
permit
permitir; consentir; tolerar; admitir
permit bond
garantia de licença
permutations
alterações de ordem; permuta
perpetual inventory
inventário perpétuo
perpetuity
perpetuidade
perquisite (perk)
emolumento; recompensa
person
pessoa
personal data sheet
folha de dados
personal digital assistant (PDA) (computer)
assistente digital pessoal (computação)

personal financial statement
demonstração financeira de pessoa física
personal holding company (PHC)
companhia controladora pessoal
personal income
renda pessoal; rendimento pessoal (P)
personal influence
influencia pessoal
personal injury
lesão corporal
personal liability
responsabilidade pessoal; obrigação pessoal
personal property
bens móveis; propriedade pessoal
personal property floater
cobertura de bens móveis sem localização fixa
personal selling
venda pessoal
personnel
pessoal
personnel department
departamento de pessoal
petition
petição; requerimento
petty cash fund
caixa pequena
Phillips' curve
curva de Phillips
physical commodity
mercadorias entregues
physical depreciation
amortização física
physical examination
exame físico
physical inventory
inventário físico
picketing
piquete de greve
picture format (computer)
formato de imagem (computação)
pie chart/graph (computer)
gráfico circular (computação)
piece rate
salário-tarefa

piece work
trabalho remunerado por peça; trabalho por tarefa
pier to house
plataforma a ponto de entrega
piggyback loan
empréstimo de reboque
pilot plan
plano piloto
pin money
verba para vestimenta dada pelo marido à esposa
pipeline
cláusula transitória; linha de tubos; linha de desenvolvimento; em propriedade intelectual, produtos em desenvolvimento ou já registrados no mercado internacional; mas sem registro em um dado país
pitch *(computer)*
lançamento *(computação)*
pixel image *(computer)*
imagem pixel *(computação)*
pixel/picture element *(computer)*
elemento pixel/de imagem *(computação)*
place utility
utilidade do lugar
placement test
teste de colocação
plain text *(computer)*
modo texto-simples *(computação)*
plaintiff
autor da ação; pleiteante; querelante; demandante
plan
plano; projeto; mapa
plan B
plano b
planned economy
economia planejada
plant
fábrica; parque industrial; instalações
plat
plano da cidade
plat book
livro de planos

pleading
pedido; petição; contestação
pledge
penhor; promessa; caução; garantia; fiança
plot
s. esquema; lote
v. conspirar; traçar
plot plan
construção da planta de situação
plottage value
valor adicional pago nos casos de desapropriação dos lotes de terrenos contíguos
plotter
plotadora; traçadora gráfica
plow back
reinvestir
plus tick
operação realizada a um preço superior ao passado
pocket computer *(computer)*
computador de bolso *(computação)*
point
objetivo; propósito; ponto; questão
point chart *(computer)*
gráfico de ponto *(computação)*
poison pill
pílula de veneno (defesa usada contra tentativa de aquisição hostil)estratégia para fazer com que um investimento pareça menos atrativo a um comprador hostil
poison distribution
distribuição de estratégia para fazer com que um investimento pareça menos atrativo a um comprador hostil
police power
poder da polícia
policy holder
beneficiário do seguro
policy loan
empréstimo feito pelo segurador com a garantia do próprio bem segurado
pollution
poluição

pool
poça; conjunto; grupo de empresas
pooling of interests
consolidação; comunhão de interesses; união; consórcio
portal-to-portal pay
bônus por transporte
portfolio
carteira de valores; carteira de ações; pasta para documentos; carteira de investimentos
portfolio beta score
contagem beta da carteira de valores
portfolio history
história da carteira de valores
portfolio income
rentabilidade da carteira de valores
portfolio insurance
seguro da carteira de valores; técnica de mercado de capitais visando a minimização de riscos
portfolio manager
administrador da carteira de valores
portrait (format) *(computer)*
retrato (formato) *(computação)*
position
posição
positioning
posicionamento
positive confirmation
confirmação positiva
positive leverage
alavancagem positiva
positive yield curve
curva de rendimento positiva
possession
posse
post closing trial balance
balanço depois do fechamento
posting *(computer)*
lançamento *(computação)*
power connection *(computer)*
conexão de alimentação
power connection
conexão de alimentação
power down *(computer)*
desligar *(computação)*

power of attorney
procuração
power of sale
poder de venda
power surge
pico de energia
power up *(computer)*
ligar *(computação)*
practical capacity
capacidade prática
pre-bill
pré-faturamento
precautionary motive
motivo de precaução
preclosing
pré-fechamento
precompute
pré-calcular
prediction
predição
preemptive rights
direito prioritário de subscrever ações; direito de preferência de subscrição
preexisting use
uso preexistente
prefabricated
pré-fabricado
preferential rehiring
re-arrendamento preferencial
preferred dividend
dividendo preferencial
preferred dividend coverage
cobertura de dividendos preferenciais
preferred stock
ações preferenciais
preliminary prospectus
prospecto preliminar
premises
premissas
premium
ágio; premio; recompensa
premium bond
obrigação de gratificações
premium income
receita de prêmios (em companhia de seguros)

premium pay
pagamento complementar
premium rate
tarifa especial; preço especial
prenuptial agreement
pacto pré-nupcial
prepaid
pago antecipadamente
prepaid expense
despesa antecipada; despesa paga antecipadamente
prepaid interest
juros pagos antecipadamente
prepayment
pagamento antecipado
prepayment clause
cláusula de pagamento antecipado
prepayment penalty
punição de pagamento antecipado
prepayment privilege
cláusula de pagamento antecipado
prerelease
pré-liberação
prerogative
prerrogativa; direito; privilégio
presale
pré-venda
prescription
prescrição
present fairly
apresentar razoavelmente
present value
valor presente; fluxo de caixa descontado
present value of 1
valor atual de 1
present value of annuity
valor atual da anuidade
presentation
apresentação
president
presidente
presold issue
emissão pré-vendida
press kit
material de divulgação; material para a imprensa
prestige advertising
publicidade de prestígio
prestige pricing
preços seletos
pretax earnings
ganhos antes do imposto
pretax rate of return
taxa de rendimento antes do imposto
preventive maintenance
manutenção preventiva
price elasticity
elasticidade do preço
price index
índice de preços
price lining
ajuste dos preços
price stabilization
estabilização de preços
price support
sustentação de preços
price system
sistema de preços
price war
guerra de preços
price-fixing
fixação de preços
pricey
custoso
pricing below market
preços abaixo do padrão de mercado
primary boycott
boicote primário
primary demand
demanda primária
primary distribution
distribuição primária
primary earnings per (common) share
receitas primárias por ações
primary lease
arrendamento primário
primary market
mercado primário; mercado de lançamento
primary market area
área de mercado de lançamento
primary package
pacote primário

prime paper
promissória comercial de
fidelidade
prime rate
taxa de juros para clientes
preferenciais
prime tenant
locatário principal
principal
principal; mandante; constituinte;
outorgante
principal amount
quantia principal
**principal and interest payment
(P&I)**
pagamento do principal e juros
principal residence
residência principal
principal stock holder
acionista principal
principal sum
quantia principal
**principal, interest, taxes and
insurance payment (PITI)**
pagamento de principal, juros, taxas e
seguros
printer *(computer)*
impressora *(computação)*
printout *(computer)*
impressão; cópia impressa
(computação)
prior period adjustment
ajuste de exercício anterior
prior service cost
custo por serviço passado
prior-preferred stock
ações preferenciais prioritárias
privacy laws
direito à privacidade
private cost
custo privado
private limited ownership
sociedade em comandita privada
private mortgage insurance
seguro hipotecário privado
private offering
colocação direta e privada de emissão
de títulos

private placement
colocação direta e privada de emissão
de títulos
privatization
privatização
privity
relação jurídica reconhecida por lei
prize broker
corretor de prêmios
probate
sucessões
probationary employee
empregado à prova
proceeds
resultado (de uma operação), produto
da venda
proceeds from resale
produtos da revenda
processor upgrade *(computer)*
atualização do processador
(computação)
procurement
intermediação de compra
procuring cause
causa imediata; causa próxima
produce
produzir; fabricar; gerar; causar
producer cooperative
cooperativa de produtores
producer goods
bens de produção
product
produto
product liability
responsabilidade do produtor pelo
bem produzido ou fornecido;
responsabilidade pelo produto
product liability insurance
seguro de responsabilidade pelo
produto
product life cycle
ciclo de vida do produto
product line
linha de produtos
product mix
mistura de produtos
production
produção

production control
controle de produção
production rate
taxa de produção
production worker
trabalhador de produção
production-oriented organization
organização voltada para a produção
production-possibility curve
curva de possibilidade de produção
productivity
produtividade
profession
profissão
profit
s. lucro; resultado; rendimento
v. ganhar; render; lucrar
profit and commissions form
formulário de lucros e comissões
profit and loss statement (P&L)
demonstrativo de lucros e perdas
profit center
centro de lucros
profit margin
margem de lucro
profit motive
intenção de lucro
profit squeeze
redução das rendas por custos crescentes
profit system
sistema de lucros
profit taking
realização de ganhos
profitability
rentabilidade; lucratividade
profiteer
aproveitador; extercionista
profit-sharing plan
plano de participação em lucros
program budgeting
orçamentação de programas
program trade
compra e venda em mercados financeiros administrada por programas de computação
programmer
programador

programming language *(computer)*
linguagem de programação *(computação)*
progress payments
pagamento parcelado
progressive tax
taxa de imposto progressiva
projected (pro forma) financial statement
demonstração financeira projetada
projected benefit obligation
obrigação de benefícios projetados
projection
projeção
promissory note
nota promissória
promotion mix
mistura de promoções
promotional allowance
abonos por promoção
proof of loss
comprovação de perda ou prejuízo
property
propriedade; bem; imóvel; ativo fixo
property line
limite da propriedade
property management
administração da propriedade
property report
relatório de propriedades
property rights
direito de propriedade
property tax
imposto predial ou territorial
proprietary interest
juros do proprietário
proprietary lease
arrendamento da propriedade
proprietorship
propriedade; condição de proprietário
prorate
ratear
prospect
prospecto; catálogo; brochura; relatório
prospective rating
classificação prospectiva

prospectus
prospecto; brochura
protected file *(computer)*
arquivo protegido *(computação)*
protectionism
protecionismo
protocol
protocolo
proviso
cláusula; disposição; condição; reserva
proxy
procuração; outorgado, produrador, representante
proxy right
direito de procuração
proxy statement
declaração de procuração; declaração informativa que acompanha solicitação de procuração para votar em assembléias de acionistas
prudence
prudência; cautela; ponderação
psychic income
valor intangível
public accounting
contabilidade pública
public domain
domínio público
public employee
empregado público
public file *(computer)*
arquivo público *(computação)*
public record
registro público; arquivo público
public relations (PR)
relações públicas
public sale
venda pública
public use
uso público
public works
obras públicas
publicly held
capital aberto
puffing
instigação nas vendas

pull-down menu *(computer)*
a lista de opções e funções em um programa. A lista pode ser vista movendo-se o cursor até o título do menu na barra de menu, pressionando-se o botão do mouse e dragando para baixo *(computação)*
pump priming
estimulação da economia no governo
punch list
lista de não conformidades
punitive damages
danos punitivos
purchase
s. compra; aquisição
v. comprar; adquirir
purchase journal
registro de compras
purchase money mortgage
hipoteca para cumprir o pagamento inicial
purchase order
ordem ou pedido de compra, encomenda
purchasing power
poder aquisitivo; poder de compra; poder de consumo
pure capitalism
capitalismo absoluto
pure competition
competição absoluta
pure-market economy
economia de mercado livre
purge *(computer)*
eliminar; limpar; absolver *(computação)*
push incentives
incentivo em dinheiro para os vendedores
push money (PM)
incentivo em dinheiro para os vendedores
put option
opção de venda
put to seller
exercício da opção de venda
pyramiding
controle societário; atividade holding

Q

qualified endorsement
endosso qualificado; endosso condicional, encosso restritivo
qualified opinion
opinião com ressalva
qualified plan or **qualified trust**
plano ou fideicomisso qualificado
qualified terminable interest property (Q-TIP) trust
Um tipo de fideicomisso que permite ao outorgante responsabilizar-se economicamente de um cônjuge sobrevivente e também controlar como serão distribuídos os ativos do fideicomisso quando o cônjuge sobrevivente também faleça (Q-Tip)
qualitative analysis
análise qualitativo
qualitative research
pesquisa qualitativa
quality
qualidade; atributo; característica
quality control
controle de qualidade
quality engineering
engenharia de qualidade
quantitative analysis
análise quantitativo
quantitative research
pesquisa quantitativa
quantity discount
desconto por quantidade
quarterly
trimestral
quasi contract
quase contrato
query *(computer)*
consulta em um banco de dados *(computação)*
queue *(computer)*
fila; bicha (P); demora de processamento *(computação)*
quick asset
disponibilidade; bens de realização imediata; ativo realizável a curto prazo
quick ratio
rácio de liquidez reduzida; índice de liquidez seca
quiet enjoyment
gozo tranqüilo do bem
quiet title suit
soluções de reclamos nos imóveis
quitclaim deed
escritura de transferência de um bem sem a garantia contra os riscos da evicção
quo warranto
ação judicial que cabe para a cassação de uma concessão, licença, alvará ou demissão de um servidor a bem do serviço
quorum
quorum
quota
quota; cota; quinhão; contribuição
quota sample
amostragem de contas
quotation
cotação (de preços); estimativa; citação; oferta
qwerty keyboard *(computer)*
teclado QWERTY *(computação)*
qwertz keyboard *(computer)*
teclado QWERTZ *(computação)*

R

racket
quadrilha que pratica extorsão; extorsão
rag content
percentagem de fragmentos de tecido
raider
especulador
rain insurance
seguro contra danos por chuvas
raised check
cheque com valor
rally
demonstração; aumento brusco de preços
random access memory (RAM) *(computer)*
memória de acesso aleatório (ram) *(computação)*
random sample
amostragem aleatória
random walk
caminho aleatório
random-digit dialing
discagem digital aleatória
random-number generator
gerador de números aleatórios
range *(computer)*
extensão; amplitude
(computação)
rank and file
membros da base de um sindicato
ratable
tributável
rate
taxa; tarifa; índice
rate base
valor da taxa
rate card
tabela de preço
rate setting
fixação de tarifas

rated policy
apólice emitida para segurar uma pessoa
rates and classifications
taxas e classificações
ratification
ratificação; sanção; confirmação; aprovação
rating
levantamento cadastral; rateio; classificação de créditos
ratio analysis
análise por meio de quocientes
ratio scale
escala de proporção
rationing
racionamento; contenção
raw data
dados brutos
raw land
terreno sem melhorias
raw material
matéria-prima
reading the tape
ver as cotizações dos valores na Bolsa
readjustment
reajuste; recuperação; reorganização: caerto
read-only *(computer)*
só de leitura; apenas leitura
(computação)
real
real; verdadeiro; material
real account
conta do balanço
real earnings
rendimento de capital
real estate
imóvel; bem imóvel; bem imobiliário

real estate investment trust (REIT)
fideicomisso imobiliário; fideicomisso que investe principalmente em propriedade e hipotecas
real estate market
mercado de imóveis; mercado imobiliário
real estate owned (REO)
bem imóvel recobrado
real income
receitas reais
real interest rate
taxa de juros real
real property
bens imóveis
real rate of return
taxa real de retorno
real value of money
valor real da moeda
real wages
salário real
realized gain
lucro realizado
realtor
corretor imobiliário
reappraisal lease
arrendamento depois de uma reavaliação
reasonable person
pessoa razoável
reassessment
reavaliação; reestimativa
rebate
abatimento; desconto; bonificação; dedução
reboot
reinicializar
reboot *(computer)*
Reinicializar *(computação)*
recall
recordar; lembrar; revogar; cancelar; anular; retirada; revogação; chamada
recall *(computer)*
recuperação
recall campaign
campanha de recuperação
recall study
análise de recuperação
recapitalization
recapitalização; reformulação do capital da empresa
recapture
recapturar; recuperar; recobrar
recapture rate
taxa de recuperação
recasting a debt
refundir uma dívida
receipt
recibo; recebimento; entrada
receipt book
livro de entradas
receivables turnover
rotação das contas a cobrar; giro de contas a receber
receiver
depositário; síndico; liquidante; recebedor; aceitante
receiver's certificate
atestado de dívida emitido pelo liquidante da falência
receivership
falência; liquidação judicial
receiving clerk
empregado que recebe
receiving record
registro de recepção
recession
recessão
reciprocal buying
compras recíprocas
reciprocity
reciprocidade
reckoning
cálculo; contagem
recognition
reconhecimento; ratificação; consideração
recognized gain
lucro reconhecido; lucro registrado; ganhos realizados na venda de um ativo
recompense
recompensa; compensação; indenização

reconciliation
reconciliação; conciliação
reconditioning property
propriedade acondicionada
reconsign
reconsignar
reconveyance
re-condução
record
s. registro; lançamento; documento; anotação; termo; arquivo; auto
v. registrar; arquivar; autuar; escrever; transcrever; gravar; preservar; lançar; contabilizar
recorder point
ponto de emissão de novos pedidos
recording
registro; anotação
records management
administração de registros
recoup
reaver; recuperar
recoupment
reconvenção; redução; ressarcimento; recuperação
recourse
recurso; direito de regresso
recourse loan
empréstimo de recursos
recover
recuperar; reaver; ressarcir-se
recover *(computer)*
recuperar; retomar *(computação)*
recovery
ressarcimento; indenização; recuperação
recovery fund
fundo de recuperação
recovery of basis
recuperação da base
recruitment
recrutamento
recruitment bonus
incentivo por recrutamento
recycle bin *(computer)*
reciclagem *(computação)*
recycling
reciclagem

red tape
burocracia (excesso de papéis)
redeem
resgatar; redimir; salvar; libertar; amortizar
redemption
reembolso; resgate; remissão; quitação; recompra
redemption period
prazo para o resgate
redevelop
re-desenvolver
rediscount
redesconto
rediscount rate
taxa de redesconto
redlining
prática ilegal pela qual instituições financeiras não concedem crédito a certas pessoas
reduced rate
taxa reduzida
reduction certificate
certidão de redução
referee
árbitro; intercessor; juiz; conciliador; intermediador; moderador
referral
apresentação
refinance
reformar uma obrigação pecuniária; renegociar; refinanciar
reformation
reformação
refresh *(computer)*
atualizar *(computação)*
refund
s. reembolso; devolução; restituição
v. reembolsar
refunding
refinanciamento; reembolso
registered bond
título mobiliário nominativo; ação nominativa; título de crédito nominativo
registered check
cheque administrativo

registered company
companhia registrada
registered investment company
companhia de investimentos registrada
registered representative
representante registrado
registered security
título mobiliário registrados
registrar
notário; tabelião; oficial de registros
registration
registro; matrícula; assentamento; arquivamento
registration statement
relatório às autoridades monetárias referente a uma proposta de venda de ações no mercado de capitais
registry of deeds
registro de títulos e documentos
regression analysis
análise de regressão
regression line
linha de regressão
regressive tax
imposto regressivo
regular-way delivery (and settlement)
entrega regular de títulos negociados
regulated commodities
mercadorias reguladas
regulated industry
setor de atividade regido por normas; indústria regulamentada
regulated investment company
companhia de investimento regida por normas
regulation
regulamento;regulamentação
regulatory agency
organismo de controle; agência controladora; órgão fiscalizador
rehabilitation
reabilitação; reorganização
reindustrialization
reindustrialização
reinstatement
restabelecimento; restituição; reinstauração; o pagamento do valor do bem segurado pelo segurador
reinsurance
resseguro
reinvestment privilege
privilégio de reinvestimento
reinvestment rate
taxa de reinvestimento
related party transaction
transações entre partes relacionadas
release
s. quitação; baixa; liberação
v. fazer nova locação; liberar; soltar
release clause
cláusula de liberação
relevance
relevância
reliability
confiabilidade
relocate
remanejar
remainder
resto; saldo; resíduo; remanescente
remainderman
legatário residual
remedy
remédio judicial; recurso
remit
1. remeter; perdoar; suspender; abrandar
2. baixar os autos
remit rate
taxa de remessa
remonetization
extinção de um tipo de moeda
remote access *(computer)*
acesso remoto *(computação)*
remuneration
remuneração; pagamento; salário
renegotiate
renegociar
renegotiated rate mortgage (RRM)
hipoteca com taxa de juros renegociável
renewable natural resource
recursos naturais renováveis
renewal option
opção de renovação

rent
aluguel; arrendamento; renda
rent control
controle de rendas
rentable area
área para aluguel; área arrendável
rental rate
taxa de aluguel
rent-free period
período sem pagamento de aluguel
reopener clause
cláusula para reabrir
reorganization
reorganização
repairs
consertos; reparos
repatriation
repatriamento
replace *(computer)*
substituir; restituir; restaurar
(computação)
replacement cost
custo de reposição
replacement cost accounting
contabilidade dos custos de reposição
replacement reserve
fundo de reposição
replevin
ação de reivindicação
reporting currency
demonstrações contábeis
repressive tax
imposto repressivo
reproduction cost
custo de reprodução
repudiation
1. renúncia; rejeição; recusa
2. arrependimento contratual
repurchase agreement (REPO; RP)
contrato de recompra; compromisso de recompra
reputation
reputação
request for proposal (RFP)
solicitação para proposta
required rate of return
taxa de retorno exigida

requisition
requisição
resale proceeds
produtos da revenda
rescission
rescisão
research
s. investigação; pesquisa; busca
v. pesquisar; investigar
research and development (R&D)
investigação e desenvolvimento
research department
departamento de investigação
research intensive
investigação intensiva
reserve
s. reserva; provisão
v. reservar; reter; guardar
reserve fund
fundo de reserva
reserve requirement
índice de reservas
reserve-stock control
controle de inventário mediante ações
reset *(computer)*
reiniciar o computador *(computação)*
resident buyer
comprador local
resident buying office
escritório autorizado para comprar
residential
residencial
residential broker
corretor residencial
residential district
distrito residencial
residential energy credit
crédito de energia
residential service contract
contrato residencial de serviços
residual value
valor residual
resolution
resolução; decisão; deliberação
resource
recurso; meios; bens
respondent
réu

response
resposta
response projection
projeção de respostas
restart *(computer)*
reiniciar; recomeçar; reinicializar *(computação)*
restitution
restituição; devolução; reparação; indenização
restraint of trade
proibição de comércio; restrição de comércio
restraint on alienation
cláusula de restrição à alienabilidade
restricted surplus
lucros restritos
restriction
restrição; limitação
restrictive covenant
cláusula restritiva
retail
varejo; venda a varejo; venda a retalho (P)
retail credit
crédito ao comércio varejista; créditos para o setor de varejo
retail display allowance
desconto por exibição de magazine
retail inventory method
método de estoque de varejo; método de valorização de estoques pelos preços de varejo
retail outlet
posto de venda
retail rate
taxa de varejo
retailer's service program
programa de serviço do varejista
retained earnings
lucro não distribuído; lucros retidos
retained earnings statement
declaração de lucros retidos
appropriated retained earnings
lucros retidos adequados
retaining
suporte

retaliatory eviction
evicção retaliatória
retire
aposentar-se; dar baixa; resgatar
retirement
aposentadoria
retirement age
idade de aposentadoria
retirement fund
fundo de pensão; caixa de previdência; fundo de aposentadoria
retirement income
pensão
retirement plan
plano de aposentadoria
retroactive
retroativo
retroactive adjustment
ajuste de efeito retroativo
return
devolução; retorno; declaração do imposto de renda
return of capital
retorno do capital
return on equity
rendimento do investimento em ações comuns; retorno sobre o patrimônio
return on invested capital
retorno de capital investido
return on pension plan assets
rendimento dos ativos do plano de aposentadoria
return on sales
rendimento sobre as vendas
returns
lucro; rendimento; receita
revaluation
reavaliação
revenue
receita; renda; receitas antes das despesas
revenue anticipation note (RAN)
nota antecipada de lucros
revenue bond
bônus a pagar com as receitas
revenue ruling
parecer administrativo do imposto de renda

reversal
1. estorno; inversão
2. reforma de decisão; reversão de julgamento
reverse annuity mortgage (RAM)
hipoteca inversa de anuidades
reverse leverage
alavancagem inversa
reverse split
retirada proporcional de ações
reversing entry
estorno
reversion
direito de reversão dos resíduos da herança ao patrimônio do herdeiro, testamenteiro ou outra pessoa; bem objeto do direito de reversão
reversionary factor
fator reversível
reversionary interest
direito de reversão dos bens ao patrimônio do doador
reversionary value
valor reversível
review
s. revisão; inspeção; crítica; resenha; análise; exame; estudo
v. revisar; rever; reexaminar
revocable trust
onde uma pessoa administra em vida bens de terceiros
revocation
revogação; anulação
revolving charge account
conta corrente com limite de crédito
revolving credit
crédito especial
revolving fund
fundo rotatório
rezoning
re-zoneamento
rich
rico
rich text format (RTF) *(computer)*
formato de texto rico *(computação)*
rider
anexo; alongamento; alonga; cauda

right of first refusal
direito de preferência na compra
right of redemption
direito de resgate
right of rescission
direito de rescisão
right of return
direito de devolução
right of survivorship
direito que cabe a uma pessoa que sobrevive a outra de sucedê-lo nos seus bens
right-of-way
direito de passagem
risk
s. risco; perigo
v. arriscar; assumir risco
risk arbitrage
especulação predatória
risk aversion
aversão ao risco
risk management
administração de risco
risk-adjusted discount rate
taxa de desconto ajustada por risco
rolling stock
equipe de transporte
rollover
s. transferência
v. renovar
rollover loan
empréstimo renovável
ROM (read-only memory) *(computer)*
memória só de leitura *(computação)*
rotating shift
turno rotativo
round lot
lote redondo; lote completo
roundhouse
depósito circular para locomotivas.
royalty
remuneração pelo uso de equipamentos, nomes, marcas, patentes, processos; pagamento de direitos de exploração
royalty trust
fideicomisso por exploração

run of paper (ROP)
propaganda publicada
run with the land
contrato sobre terrenos
rundown
relatório ou breve resumo

normalmente oral; redução ou corte de pessoal ou de materiais.
rural
rural; campestre
rurban
tanto rural quanto urbano

S

sabotage
sabotagem
safe harbor rule
norma de segurança por perdas em negócios; regras de proteção ao cumpridor da lei
safekeeping
custódia; guarda; proteção
safety commission
comissão de segurança
safety margin
margem de segurança
salariat
assalariado
salary
salário; ordenado; remuneração
salary reduction plan
plano de redução do salário
sale
venda; liquidação
sale and lease back
venda de um bem e seu arrendamento posterior; contrato de compra e venda em que o comprador imediatamente arrenda o bem ao vendedor; venda e aluguel
sale or exchange
venda ou intercâmbio
sales analyst
analista de vendas
sales budget
orçamento de vendas
sales charge
comissão de vendas
sales contract
contrato de vendas
sales effectiveness test
teste de efetividade das vendas
sales incentive
incentivo de vendas
sales journal
diário de vendas; registro de vendas
sales letter
carta de vendas
sales portfolio
carteira de vendas
sales promotion
promoção de vendas; promoção comercial
sales returns and allowances
rendimentos e abonos das vendas
sales revenue
receita de vendas
sales tax
imposto sobre a venda de bens e mercadorias; imposto de vendas
sales type lease
arrendamento com características de venda
salesperson
vendedor
salvage value
valor residual; valor de sucata; preço sucatado; valor de venda como sucata
sample buyer
comprador de amostragem
sampling
amostragem
sandwich lease
arrendamento feito por um arrendatário
satellite communication
comunicação por satélite
satisfaction of a debt
pagamento de dívida
satisfaction piece
certidão de liquidação de hipoteca
savings bond
título de emissão do governo americano com desconto sobre o valor de face

savings element
elemento de poupanças
savings rate
taxa de poupança
scab
subassalariado
scalage
escala
scale *(computer)*
escala *(computação)*
scale order
ordem de compra que especifica as quantidades e variações de preço aceitáveis
scale relationship
relação de escala
scalper
cambista
scanner *(computer)*
scanner (equipamento ótico utilizado nos processos de digitalização de textos e imagens) *(computação)*
scarcity
escassez; raridade
scarcity value
valor de raridade; valor decorrente da escassez
scatter diagram
diagrama de dispersão
scatter plan
plano de dispersão
scenic easement
servidão pitórica
schedule
s. lista; roteiro; programa; horário; anexo; agenda
v. programar; agendar
scheduled production
funcionamento programado; produção programada
scheduling
escalonamento; programação
scienter
ciente; com conhecimento do fato
scope of employment
trabalho de um empregado
scorched-earth defense
estratégia de desprendimento das propriedades mais valorizadas
screen filter *(computer)*
filtro de ecrã *(computação)*
screen saver *(computer)*
protetor de tela *(computação)*
scrip
1. cautela de ações; valor mobiliário
2. testamento; vale; certificado
scroll down *(computer)*
fazer rolar ou deslizar para baixo *(computação)*
scroll up *(computer)*
fazer rolar ou deslizar para cima *(computação)*
seal
s. selo; chancela; lacre
v. selar; chancelar; lacrar
seal of approval
selo de aprovação
sealed bid
lance secreto; lance secreto dado em leilão ; oferta lacrada
search engine *(computer)*
mecanismo de busca *(computação)*
seasonal adjustment
ajustamento sazonal
seasonality
sazonalidade
seasoned issue
emissão de qualidade; títulos e valores que o mercado sabe que entram periodicamente em bons e maus anos
seasoned loan
empréstimo sazonal
seat
sede; base
second lien or second mortgage
hipoteca secundária
second mortgage lending
mercado hipotecário secundário
secondary boycott
boicote secundário
secondary distribution
distribuição secundária
secondary market
mercado secundário

secondary mortgage market
mercado secundário de hipoteca
second-preferred stock
ações preferenciais secundárias
sector
setor
secured bond
obrigação garantida; título garantido
secured debt
dívida garantida
secured transaction
transação garantida
securities
valores mobiliários
securities analyst
analista de valores
securities and commodities exchanges
intercâmbio de valores e mercadorias
Securities And Exchange Commission (SEC)
Comissão de Valores Mobiliários (SEC)
securities loan
empréstimo de valores
security
segurança
security deposit
1. caução de títulos
2. depósito em garantia
security interest
direito real de garantia
security rating
classificação de segurança
seed money
capital inicial; investimento
segment margin
margem de segmento
segment reporting
relatório de segmentos; relatório por atividade
segmentation strategy
estratégia de segmentação
segregation of duties
segregação de funções
seisin
posse direta; domínio

select
selecionar
select *(computer)*
selecionar *(computação)*
selective credit control
controle de crédito seletivo
selective distribution
distribuição seletiva
self employed
profissional autônomo
self insurance
instituição de um fundo de reserva particular para cobrir possíveis prejuízos
self-amortizing mortgage
hipoteca de auto-amortização
self-directed IRA
IRA auto-administrado
self-help
auto-ajuda; auto-auxílio
self-tender offer
oferta de uma companhia para recuperar as ações passadas
seller's market
mercado vendedor
sell-in
maior venda
selling agent
agente vendedor
selling broker
corretor de vendas
selling climax
pico de vendas
selling short
venda a descoberto
sell-off
liquidar; saldar uma conta, baixar os preços; movimento de vendas
semiannual
semestral
semiconductor
semicondutor
semimonthly
quinzenal
semivariable costs
custos semivariáveis
senior debt
dívida privilegiada

senior refunding
reembolso superior
senior security
valores superiores; ações de primeira linha
sensitive market
mercado sensitivo
sensitivity training
treinamento de sensibilidade
sentiment indicators
indicadores que avaliam a postura de investidores/ profissionais diante dos acontecimentos no mercado. A sensibilidade de avaliar otimismo e pessimismo no mercado é também um dos princípios básicos da análise técnica.
separate property
separação de bens
serial port *(computer)*
é a porta através da qual sinais são transmitidos em modo assincrono
series bond
título de crédito com vencimentos sucessivos
server *(computer)*
servidor (que administra e fornece programas para outros PCs) *(computação)*
service
serviço
service bureau
burô de serviços
service club
clube de serviços
service department
departamento de serviços
service economy
economia de serviços
service fee
honorário; remuneração
service worker
trabalhador do setor de serviços
servicing
assistência técnica; custo financeiro; serviço financeiro; manutenção
setback
revés

setoff
reconvenção; compensação; confusão
settle
pagar; saldar; quitar; liquidar; prestar contas; transigir
settlement
quitação; liquidação; pagamento; transação; acordo; convênio; acerto
settlement date
data de liquidação
settlor
fideicomitente; instituidor de um fideicomisso
severalty
propriedade individual; responsabilidade individual
severance damages
danos por demissão
severance pay
pagamento por demissão; indenização por dispensa
sexual harassment
assédio sexual
shakedown
extorsão mediante ameaça de violência
shakeout
desmoldagem
shakeup
reestruturação total
share
ação; parte
sharecropper
parceiro; participante; sócio
shared drive *(computer)*
unidade compartilhada *(computação)*
shared-appreciation mortgage (SAM)
hipoteca de lucros compartilhados
shared-equity mortgage
hipoteca com capital compartilhado
shareholder
acionista
shareholder's equity
ativo patrimonial líquido
shares authorized
ações autorizadas

shareware *(computer)*
shareware; tipo de programa (software) que é disponibilizado para que o utilizador o possa testar e que necessita de um registro (pagamento) para que se possa utilizar após o período inicial de testes. *(computação)*
shark repellent
estratégia contra embusteiros
shark watcher
detector de embusteiros
sheet feeder *(computer)*
alimentador de papel *(computação)*
shell corporation
empresa fantasma
shift
troca; turno; turma; variação
shift differential
adicional noturno; pagamento especial por jornada especial
shift key *(computer)*
tecla SHIFT *(computação)*
shift lock *(computer)*
tecla CAPS LOCK *(computação)*
shop
loja; oficina
shopper
comprador; cliente
shopping service
serviço de compras
short bond
garantia a curto prazo
short covering
cobrir venda a descoberto
short form
forma curta
short interest
ações a descoberto
short position
posição a descoberto
short squeeze
subida de preços pela demanda de produtos e a falta destes
short term
a curto prazo

shortfall
déficit; deficiência
short-sale rule
norma de venda de títulos mobiliários a descoberto
short-term capital gain (loss)
renda (perda) de capital a curto prazo
short-term debt
dívida a curto prazo
short-term liability
obrigação a curto prazo
shrinkage
diminuição; redução
shut down *(computer)*
desligar *(computação)*
shutdown
fechamento; encerramento
sight draft
saque contra apresentação; título pagável à vista; saque à vista
sign off *(computer)*
Autorizar *(computação)*
sign on *(computer)*
começar; iniciar *(computação)*
silent partner
sócio oculto; sócio comanditário
silver standard
padrão prata
SIMM (single in-line memory module) *(computer)*
módulo SIMM (uma pequena placa de circuito impresso que pode agrupar chips de memória)
simple interest
juros simples
simple trust
fideicomisso simples
simple yield
rentabilidade simples
simulation
simulação
single premium life insurance
seguro de vida de prêmio único
single-entry bookkeeping
contabilidade de partida simples
sinking fund
fundo para redução da dívida interna; depósito em garantia; fundo de

amortização
sit-down strike
greve branca
site
local, instalações locais
site audit
auditoria no local
skill intensive
pleno de habilidades
skill obsolescence
falta de habilidades
slack
período de calma
slander
difamação verbal
sleeper
produto que não é vendido
sleeping beauty
empresa dormente; bela adormecida
slowdown
baixar o nível de produção para pressionar o empregador – "operação tartaruga"
slump
depressão; marasmo; queda súbita de preços ou negócios; baixa brusca de preços
small business
pequena empresa; micro-empresa
small investor
micro-investidor
smoke clause
cláusula de cobertura por danos com fumo
smokestack industry
industria contaminadora
snowballing
divergente; discordante
social insurance
seguro social (instituto de previdência social)
social responsibility
responsabilidade social
socialism
socialismo
socially conscious investor
investidor social

soft currency
moeda não conversível; moeda fraca
soft goods
bens de consumo não duráveis
soft market
mercado bolsista; mercado fraco
soft money
dinheiro macio
soft spot
ponto fraco do mercado
soil bank
banco rural
sole proprietorship
pequeno negócio; firma individual; sociedade unipessoal
solvency
solvência
source
origem; causa; fonte
source evaluation
avaliação de fontes
source worksheet *(computer)*
planilha de origem *(computação)*
sources of funds
fundos; fonte de recursos; fonte de fundos
sovereign risk
risco de inadimplemento de estado soberano; risco de sobreania do país
space bar *(computer)*
barra de espaço *(computação)*
spamming *(computer)*
spamming *(computação)*
span of control
painel de controle
special agent
agente especial; representante especial
special assignment
designação especial
special delivery
pronta entrega
special drawing rights (SDR)
direitos especiais de saque
special handling
manuseio especial
special purchase
compra especial

special situation
situação especial
special warranty deed
garantia especial
specialist
especialista
specialty advertising
publicidade especializada
specialty goods
bens de um determinado setor
specialty retailer
varejista especializado
specialty selling
venda especializada
specialty shop
loja especializada
special-use permit
licença de uso especial
specie
coisa certa; coisa determinada; dinheiro
specific identification
identificação específica
specific performance
execução específica
specific subsidy
subsídio especial
specification
especificação; descrição; característica
speculative risk
risco especulativo
speech recognition *(computer)*
reconhecedor de fala *(computação)*
speedup
aceleração
spell checker *(computer)*
verificador ortográfico *(computação)*
spending money
ajuda de custo
spendthrift trust
fideicomisso instituído em benefício de pródigo
spider chart *(computer)*
gráfico aranha *(computação)*
spillover
vazamento

spin-off
1. desdobramento; criação de subsidiária; cisão
2. desmembramento dos bens de uma subsidiária contra devolução de parte das ações da matriz
splintered authority
autoridade lascada
split
dividir; rachar; repartir
split commission
divisão da comissão
split shift
grupo de desmembramento
spokesperson
porta-voz
sponsor
s. patrocinador; promotor
v. patrocinador; promover
spot check
verificação focada
spot commodity
mercadoria de pronta entrega
spot delivery month
mês de entrega imediata
spot market
mercado em que os produtos são transacionados à vista, para entrega imediata. Distingue-se dos mercados futuros ou a termo, em que se realizam contratos para entrega futura.
spot price
preço de venda para entrega imediata
spot zoning
pronta reclassificação de terrenos
spread
margem de lucro; diferencial; diferença entre valor de compra e venda
spread sheet
planilha eletrônica; formulário em branco com várias colunas; folha de cálculo;
spreading agreement
acordo de diferença entre dois valores
squatter's rights
direitos de usucapientes

squeeze
aperto; sustentação artificial de preços; recompra obrigatória de ações vendidas a descoberto
stabilization
estabilização
stacked column chart *(computer)*
gráficos de colunas empilhadas *(computação)*
staggered election
eleição alternada
staggering maturities
alternância de vencimentos
stagnation
estagnação
stake
aposta; posição; participação
stand-alone system
sistema independente
standard
padrão; gabarito; norma
standard cost
custo padrão
standard deduction
desconto padrão; dedução padrão
standard deviation
desvio padrão
standard industrial classification (SIC) system
sistema de classificação industrial uniforme
standard of living
padrão de vida
standard time
tempo padrão
standard wage rate
salário padrão
standby *(computer)*
de reserva
standby fee
honorário de reserva
standby loan
empréstimo fixo
standing order
norma administrativa interna do juízo ou tribunal
staple stock
produtos de demanda fixa

start-up
Empresa de elevado potencial em inicio de atividade
start-up screen *(computer)*
ecrã inicial *(computação)*
stated value
valor declarado; valor nominal
statement
declaração; demonstração; demonstrativo; termo relação; relatório
statement of affairs
contas do falido; balanço geral, demonstração da situação patrimonial
statement of condition
balanço
statement of partners' capital
declaração do capital dos sócios
static analysis
estática
static budget
orçamento estático
static risk
risco de causa natural
statistic
estatística
statistical inference
inferência estatística
statistical sampling
amostragem estatística
statistically significant
estatisticamente importante
statistics
estatística
status
estado; situação; categoria; estado civil; condição social
status bar *(computer)*
barra de estado *(computação)*
status symbol
indicadores de posição social
statute
lei; estatuto
statute of frauds
lei criminal
statute of limitations
prescrição; prescricional

statutory audit
conselho fiscal
statutory merger
fusão estatutária
statutory notice
notificação estatutária
statutory voting
voto estatutário
staying power
poder temporal
steady-growth method
método de crescimento firme
steering
orientação
stepped-up basis
base ascendente
stipend, stipendiary
estipêndio; pagamento; salário; ordenado
stipulation
estipulação; condição; cláusula contratual
stochastic
estocástico
stock
estoque; ações; acções (P); participação acionária
stock certificate
cautela; certificado de ações
stock dividend
bonificação de ações; dividendo em ações
stock exchange
bolsa de valores
stock index future
índices de ações
stock insurance company
companhia seguradora de ações
stock jobbing
corretagem de valores
stock ledger
razão de ações
stock market
mercado de ações; mercado de capitais; bolsa de valores
stock option
opção de compra de ações
stock record
registro de ações
stock symbol
símbolo de ações
stock turnover
rotação de ações; giro do inventário
stockbroker
corretor de bolsa de valores
stockholder
acionista
stockholder of record
acionista registrado
stockholder's derivative action
ação derivativa dos acionistas
stockholder's equity
participação do acionista no patrimônio líquido; patrimônio dos acionistas
stockout cost
custo de falta
stockpile
abarrotar; estoques
stockpower
poder escrito para vender ações
stockroom
almoxarifado
stonewalling
obstaculizar; impedir
stool pigeon
informador; informante
stop clause
limites nas despesas do arrendatário
stop order
ordem de suspensão de venda de valores; contra ordem; contra ordem ao pagamento de cheques
stop payment
suspensão de pagamento
stop-loss reinsurance
resseguro contra perdas
store
s. depósito; armazém; estoque; reserva
v. armazenar; prover; abastecer; acumular
store brand
marca da loja

straddle
operação simultânea de compra e venda de futuros
straight bill of lading
conhecimento nominativo
straight time
período fixo
straight-line method of depreciation
método de depreciação linear
straight-line production
produção linear
straphanger
passageiro em pé em transporte público que se segura em alças
strategic planning
planejamento estratégico
strategy
estratégia
stratified random sampling
amostragem aleatória estratificada
straw boss
chefe falso
straw man
pessoa figurativa; "testa de ferro"; homem de palha; laranja
street name
título em nome de um corretor e não do seu cliente
stretchout
aumento de trabalho sem compensação monetária
strike
s. greve
v. fazer greve
strike benefits
benefícios da greve
strike notice
notificação de greve
strike pay
pagamento durante a greve
strike price
preço de exercício
strike vote
voto de greve
strikebreaker
trabalhador que transgride o movimento grevista

strip
cupom separado
structural employment
emprego estrutural
structural inflation
inflação estrutural
structure
estrutura
subcontractor
subempreiteiro
subdirectory *(computer)*
sub-diretório *(computação)*
subdivider
quem subdivide
subdividing
subdividir
subdivision
subdivisão
subject to mortgage
sujeito a hipoteca
sublease
s. sublocação
v. sublocar
sublet
sublocar
subliminal advertising
publicidade subliminar
submarginal
submarginal
suboptimize
sub-otimizar
subordinate debt
dívida subordinada
subordinated
subordinado
subordination
subordinação
subpoena
ordem para comparecer em juízo e testemunhar ou apresentar documentos
subrogation
sub-rogação
subroutine
programa secundário
subscript *(computer)*
sub-escrito *(computação)*

subscripted variable
variável subscrita
subscription
subscrição (de ações); assinatura; aprovação; consentimento
subscription price
preço de subscrição
subscription privilege
privilegio de subscrição
subscription right
direito de subscrição
subsequent event
evento futuro
subsidiary
subsidiário; auxiliar; suplementar
subsidiary company
sociedade subsidiária
subsidiary ledger
livro auxiliar
subsidy
subsídio; subvenção
subsistence
subsistência; existência; sustento; manutenção
substitution
substituição; troca
substitution effect
efeito de substituição
substitution law
lei de substituição
substitution slope
para substituição
subtenant
sublocatário
subtotal
subtotal
suggested retail price
preço a varejo sugerido
suggestion system
sistema de sugestões
suicide clause
cláusula de suicídio
suite *(computer)*
processo
summons
mandado de citação; intimação; citação judicial

sunset industry
indústria de termo final
sunset provision
cláusula de caducidade
super now account
conta com juros elevados
super sinker bond
garantia com cupom e vencimento ao longo prazo
superintendent
superintendente
supermarket
supermercado
supersaver fare
tarifa econômica
superscript *(computer)*
sobre-escrito
superstore
hipermercado
supplemental agreement
acordo de retificação
supplier
fornecedor
supply
suprimento; abastecimento; oferta; fornecimento
supply price
preço de oferta
supply-side economics
economia de oferta
support level
nível de sustentação
surcharge
s. sobretaxa
v. sobrecarregar; sobretaxar
surety bond
seguro garantia; fiança
surge protector *(computer)*
estabilizador *(computação)*
surplus
superávit; excesso; excedente
surrender
rendição; entrega; cessão; renúncia; desistência; devolução
surrender, life insurance
cessão do seguro de vida
surtax
sobretaxa; adicional de um imposto;

imposto suplementar
survey
s. exame; estudo; sinopse; vistoria; perícia
v. examinar; inspecionar; vistoriar
survey area
área do estudo
surveyor
observador; examinador
survivorship
sobrevivência
suspended trading
suspensão do comércio
suspense account
conta pendente; conta suspensa
suspension
suspensão; interrupção
swap
troca; escambo; permuta
sweat equity
capital suor
sweatshop
companhia que paga baixos salários e sobrecarrega de serviços os empregados; exploração no trabalho
sweepstakes
apostas
sweetener
amenizador

swing shift
turno da tarde
switching
troca; escambo; permuta; operação triangular de divisas
symbol bar *(computer)*
barra de símbolos
sympathetic strike
greve compreensiva
syndicate
consórcio; associação; grupo; sindicato
syndication
formação de grupo; formação de consórcio
syndicator
sindicalista
synergy
sinergia
system *(computer)*
sistema *(computação)*
system administrator *(computer)*
administrador de sistemas *(computação)*
systematic risk
risco sistemático
systematic sampling
amostragem sistemática

T

T statistic
estatística T
tab key *(computer)*
tecla TAB *(computação)*
table column *(computer)*
coluna da tabela *(computação)*
table field *(computer)*
campo da tabela *(computação)*
T-account
conta em forma de T
tactic
tática
tag sale
venda auxiliar
take
prender
take a bath, take a beating
ter uma perda considerável
take a flier
correr um risco
take a position
posicionar
take-home pay
salário líquido
takeoff
decolar
**take-out loan, take-out
  financing**
subscrever um empréstimo;
subscrever um financiamento
takeover
s. aquisição de um negócio; aquisição de uma empresa por outra
v. assumir a direção de um negócio; adquirir negócio
taking
tomada
taking delivery
recepção de uma entrega
taking inventory
inventariar; fazer inventário

tally
contar; computar
tangible asset
ativo tangível
tangible personal property
bens móveis corpóreos
tank car
cisterna
tape
s. fita
v. gravar em fita magnética
target audience
público alvo
target file *(computer)*
arquivo alvo *(computação)*
**target group index
  (TGI)**
índice do grupo alvo
target market
mercado alvo
target price
preço objetivado; preço programado; preço planejado; preço alvo
tariff
tarifa; direitos aduaneiros
tariff war
guerra tarifária
task bar *(computer)*
barra de tarefas *(computação)*
task force
força tarefa
task group
grupo de trabalho
task list *(computer)*
lista de tarefas *(computação)*
task management
administração de tarefas
task manager *(computer)*
barra de tarefa *(computação)*
tax
imposto

tax abatement
rebate fiscal; redução de imposto
tax and loan account
conta de impostos e empréstimos
tax anticipation bill (TAB)
certidão de pagamento antecipado de impostos
tax anticipation note (TAN)
certidão de pagamento antecipado de impostos
tax base
base imponível; base de cálculo
tax bracket
faixa tributária
tax credit
crédito fiscal
tax deductible
dedutível do imposto
tax deduction
retenção fiscal; dedução do imposto
tax deed
escritura de compra de imóvel que foi adquirido através do executivo fiscal
tax deferred
impostos diferidos
tax evasion
sonegação de imposto
tax foreclosure
execução fiscal
tax impact
efeito fiscal
tax incentive
incentivo fiscal
tax incidence
incidência fiscal
tax lien
vínculo jurídico a favor do Estado que se estabelece sobre um bem do devedor fiscal até que se satisfaça a obrigação; gravame fiscal; ônus fiscal
tax loss carryback (carryforward)
compensação retroativa (de prejuízos fiscais)
tax map
mapa fiscal
tax planning
planejamento fiscal

tax preference item
itens de preferência fiscal
tax rate
taxa de imposto (percentual que incide sobre o valor a ser taxado)
tax return
declaração de imposto
tax roll
cadastro de contribuintes de imposto
tax sale
venda judicial do bem executado para pagamento de impostos devidos
tax selling
penhora fiscal
tax shelter
cobertura fiscal; abrigo tributário; meios utilizados pelo contribuinte para reduzir o valor do imposto a pagar; estratégia legal para diminuir os impostos
tax stop
cláusula na qual o locatário deverá pagar todos ou parte dos juros dos bens imóveis
tax straddle
arbitragem fiscal
tax wedge
taxas punitivas
taxable income
renda tributável; rendimento coletável; lucro tributável
taxable year
ano fiscal
taxation
taxação
interest on dividends
juros de dividendos
tax-exempt property
propriedade isenta de impostos
tax-exempt security
valor imobiliário isento de impostos
tax-free exchange
intercâmbio isento de impostos
taxpayer
contribuinte (de impostos)
team building
formação de equipes

team management
administração de equipes
teaser ad
anúncio pago
teaser rate
taxa paga
technical analysis
análise técnica
technical rally
recuperação técnica
technological obsolescence
obsolescência tecnológica
technological unemployment
desemprego tecnológico
technology
tecnologia
telecommunications
telecomunicações
telemarketing
telemarketing
telephone switching
telefonia
template
padrão; minuta padrão
tenancy
inquilinato; aluguel; locação; arrendamento; posse de bem imóvel
tenancy at sufferance
posse precária de imóvel cujo direito de ocupação já se extinguiu; esbulho possessório; retenção da posse além do autorizado
tenancy at will
arrendamento expresso ou decorrente de lei
tenancy by the entirety
comunhão de mão comum do casal que, pela morte de um dos cônjuges, é transmitida em sua totalidade ao cônjuge sobrevivente, com exclusão de qualquer outro herdeiro
tenancy for years
arrendamento por um certo número de anos
tenancy in common
propriedade em condomínio, cuja parte individual, em caso de morte, é transmitida ao herdeiro do condômino; arrendamento conjunto
tenancy in severalty
arrendamento exclusivo
tenant
ocupante de imóvel; arrendatário; rendeiro; inquilino; locatário
tenant finish-out allowance
dotação ao locatário para realizar melhoras.
tender
proposta; oferta; proposta de pagamento de um valor para por fim à demanda
tender of delivery
oferta de entrega
tender offer
oferta pública para compra de ações
tenure
enfiteuse; aforamento; inquilinato; ocupação; posse; foro; tempo de serviço; termo do mandato; estabilidade
tenure in land
posse de terras
term
termo; prazo; vencimento; período; vigência; sessão; prazo processual
term certificate
certificado de depósito por um ano ou mais
term life insurance
apólice a tempo
term loan
empréstimo a prazo fixo
term, amortization
amortização a prazos
termination benefits
benefícios por demissão
terms
condições; ordens
test
teste; exame; prova; ensaio; experiência
test market
mercado por teste
test statistic
estatística teste

testament
testamento
testamentary trust
fideicomisso
testate
testado
testator
testador
testcheck
provas de seleção
testimonial
testemunhal
testimonium
testemunho em contrato ou escritura
text editing *(computer)*
edição de texto *(computação)*
text processing *(computer)*
processamento de textos
text wrap *(computer)*
envoltório do texto *(computação)*
thin market
mercado fino
third market
mercado de balcão
third party
terceiro; terceira parte
third-party check
cheque a terceiros
third-party sale
venda de terceiros
threshold-point ordering
pedido segundo o nível de existências
thrift institution
instituição de poupanças
thrifty
adj. econômico
through rate
tarifa de remessa
tick
valor mínimo de variação de um contrato
ticker
telégrafo
tie-in promotion
promoção coligada
tight market
mercado muito competitivo

tight money
dinheiro escasso
tight ship
gestão monitorizada
till
caixa
time card
cartão de ponto
time deposit
depósito a prazo fixo; depósito de poupança
time draft
letra ou nota com data fixa de vencimento; saque a prazo
time is the essence
o tempo é a essência
time management
administração de tempo
time series analysis
análise da série temporal
time series data
dados seriais temporários
time value
valor temporal
time-and-a-half
tempo e meio
time-sharing
direito de uso de um imóvel por certo prazo; propriedade de uso compartilhado; utilização conjunta
timetable
cronograma; horário
tip
gratificação; gorjeta
title
título; escritura; documento
title bar *(computer)*
barra de título *(computação)*
title company
companhia de títulos imobiliários
title defect
defeito de títulos
title insurance
seguro de domínio de uma propriedade imobiliária
title report
relatório de títulos

title screen *(computer)*
tela de título; ecrã de título *(computação)*
title search
busca do título
title theory
teoria de títulos
toggle key *(computer)*
tecla alternar; tecla TOGGLE *(computação)*
tokenism
simbolismo
toll
s. pedágio; taxa
v. barrar; suspender; retirar
tombstone ad
anúncio de finalização de operações financeiras
toner cartridge *(computer)*
cartucho de toner
tool bar *(computer)*
barra de ferramentas *(computação)*
tool box *(computer)*
caixa de ferramentas *(computação)*
topping out
cotização mais alta
tort
ato ilícito; delito civil
total capitalization
capitalização total
total loss
perda total
total paid
pagamento total
total volume
volume total
touch screen *(computer)*
tela sensível ao toque, ecrã táctil (P)
trace
sinal; pista; vestígio; seguir o curso; fazer conexão
tracer
identificador
trackage
rede ferroviária
trackball *(computer)*
TrackBall; esfera de tração *(computação)*

tract
gleba; terreno; área
trade
s. comércio; atos de comércio; negócio; ofício; indústria; ramo; atividade
v. trocar; comerciar; negociar
trade acceptance
duplicata (título de crédito comercial com aceite)
trade advertising
publicidade comercial
trade agreement
acordo de transações; acordo comercial de compra e venda de mercadorias entre países
trade barrier
barreira comercial
trade credit
crédito comercial
trade date
data da transação
trade deficit
déficit da balança comercial
trade surplus
excedente comercial; superávit na balança comercial
trade fixture
maquinária
trade magazine
magazine comercial
trade rate
taxa comercial
trade secret
segredo comercial; segredo industrial; segredo de fábrica
trade show
exibição comercial
trade union
sindicato de trabalhadores
trademark
marca registrada
trade-off
compensação
trader
negociante; comerciante
trading authorization
autorização para transações

trading post
posto de troca; posto de troca especializado na bolsa de valores de Nova Iorque
trading range
banda de flutuação
trading stamp
marca comercial
trading unit
unidade de transação
traditional economy
economia tradicional
tramp
navio independente, que não segue linha regular de navegação, nem faz parte de conferências de frete
transaction
transação; operação comercial; negócio
transaction cost
custo dos negócios
transfer agent
pessoa física ou jurídica autorizada a processar a transferência de ações; secretário
transfer development rights
direitos de transferência
transfer payment
pagamento por transferência
transfer price
preço de transferência; transferência de lucro; sub ou superfaturamento
transfer tax
imposto sobre transferências
translate
traduzir
transmit a virus *(computer)*
transmitir vírus *(computação)*
transmittal letter
carta de remessa
transnational
transnacional
transportation
transporte
treason
traição; crime de lesa-pátria
treasurer
tesoureiro

tree diagram
diagrama de árvore
trend
tendência
trend chart *(computer)*
gráfico de tendências *(computação)*
trend line
linha de tendências
trespass
1. ação de reparação; ação de força nova; ação de esbulho; ação de manutenção de posse; ação de reintegração de posse; ação de reivindicação
2. dano; lesão de direito; ato ilícito; turbação de posse; esbulho possessório; invasão de propriedade
trial and error
tentativa e erro
trial balance
balanço de verificação; balancete; balanço provisório
trial offer
oferta por um período
trial subscriber
subscritor por um período de experiência
trigger point
ponto de início
trigger price
preço detonador; gatilho
triple-net lease
contrato triple-net
Trojan horse *(computer)*
vírus disfarçado como programa *(computação)*
troubled debt restructuring
reestruturação de dívida problemática
troubleshooter
especialista na solução de problemas
troubleshooting
pesquisa de avarias; diagnóstico de anomalias
troubleshooting *(computer)*
resolução de problemas *(computação)*
trough
depressão; parte baixa

true lease
arrendamento real
true to scale
(computer)
segundo a escala *(computação)*
truncation
mutilação
trust
fideicomisso; fidúcia; confiança; truste
trust account
conta fiduciária
trust certificate
certificado fiduciário
trust company
instituição fiduciária; empresa fiduciária
trust deed
instrumento fiduciário; contrato fiduciário; documento pelo qual um fideicomisso é criado; escritura de fideicomisso
trust fund
fundo de reserva; fundo instituído para atender a um fim especial
discretionary trust
fideicomisso discricionário
general management trust
administração geral de investimentos
trustee
fiduciário; fideicomissário; síndico; depositário; administrador de fundos, bens ou valores de terceiros; curador
trustee in bankruptcy
síndico de bancarrota, falência
fideicomitente; depositante; fiduciante; investidor de fundos; acionista fundador
truth in lending act
lei federal sobre transparência de condições de crédito ao consumidor
turkey
pessoa convencida, pomposa
turn off *(computer)*
desligar *(computação)*
turn on *(computer)*
ligar *(computação)*
turnaround
reestruturação
turnaround time
tempo entre a submissão e o termino de um trabalho
turnkey
em funcionamento; completo; empreitada total; carcereiro
turnover
rotação; receita bruta; movimento bruto; volume de negócios
two percent rule
dois por cento
two-tailed test
teste bilateral
tycoon
magnata
typeface *(computer)*
tipo de fonte *(computação)*
type-over mode
modo sobrescrever
type-over mode *(computer)*
modo sobrescrever *(computação)*

trustor

U

umbrella liability insurance
seguro por excesso de responsabilidade; seguro coletivo
unappropriated retained earnings
rendas retidas disponíveis
unbalanced growth
crescimento desequilibrado
unbiased estimator
avaliador objetivo
uncollected funds
fundos não cobrados; depósitos a compensar
uncollectible
não cobrável; incobrável
unconsolidated subsidiary
subsidiária não consolidada
under the counter
sub-repticiamente; por baixo do plano (informal)
underapplied overhead
despesas gerais sub-aplicadas
undercapitalization
subcapitalização; descapitalização
underclass
classe baixa
underemployed
subempregado
underground economy
economia informal
underinsured
sub-assegurado
underline *(computer)*
sublinhar *(computação)*
underlying debt
dívida subjacente
underlying mortgage
hipoteca subjacente
underlying security
valores subjacentes
underpay
pagar a menos
undervalued
termo usado para caracterizar uma ação vendida abaixo do valor que os inicial
underwriter
subscritor; segurador; companhia de seguros; ressegurador
underwriting spread
margem da garantia de emissão
undiscounted
não descontado
undivided interest
indivisibilidade de juros
undivided profit
indivisibilidade de lucros
undue influence
influencia excessiva na vontade de outra pessoa
unearned discount
desconto não realizado
unearned income (revenue)
renda de fonte que não seja o trabalho
unearned increment
incremento não realizado
unearned interest
juros não obtidos; juros não vencidos
unearned premium
prêmio não ganho
unemployable
que não pode ser contratado; incapacitado para trabalhar
unemployed labor force
pessoal demitido
unemployment
desemprego
unencumbered property
propriedade não onerada
unexpired cost
custo não vencido
unfair competition
concorrência desleal

unfavorable balance of trade
balança comercial desfavorável
unfreeze
descongelar; bloquear
unified estate and gift tax
imposto geral sobre heranças e doações
unilateral contract
contrato unilateral
unimproved property
propriedade não melhorada
unincorporated association
sociedade sem personalidade jurídica própria
unique impairment
insuficiência única
unissued stock
capital não emitido
unit
unidade (medida); unidade administrativa
unit of trading
unidade de comércio
unitary elasticity
flexibilidade unilateral
unit-labor cost
custo da mão-de-obra
units-of-production method
método de unidades de produção
unity of command
unidade de comando
universal life insurance
seguro de vida universal
universal product code (UPC)
código universal de produto
unlisted security
valor não negociado em bolsa de valores
unloading
descarregando
unoccupancy
vacante; vaga
unpaid dividend
dividendo não pago
unrealized profit (loss)
lucro (perda) a recuperar
unrecorded deed
escritura não registrada
unrecoverable *(computer)*
irrecuperável *(computação)*
unrecovered cost
não recuperável
unsecured debt
dívida sem cobertura, sem garantia
unwind a trade
negociar
up front
inicial
up tick
transação com um preço maior que o preço da operação anterior com o mesmo título
update *(computer)*
atualizar *(computação)*
upgrade *(computer)*
melhorar; aperfeiçoar *(computação)*
upgrade software *(computer)*
software melhorado *(computação)*
upgrading
melhoria; modernização
upkeep
manutenção
upload *(computer)*
copiar, transferir arquivos do seu computador para outro computador; processo de transferência de arquivos de dados *(computação)*
upper case letter *(computer)*
letra maiúscula *(computação)*
upright format *(computer)*
formato vertical *(computação)*
upside potential
potencial ascendente
upswing
melhoria; movimento ascendente; aumento
uptrend
tendência altista
upwardly mobile
variável ascendente
urban
urbano
urban renewal
renovação urbana
useful life
vida útil

user *(computer)*
utilizador; usuário *(computação)*
user authorization
(computer)
autorização do usuário
user manual *(computer)*
manual do usuário
(computação)
usufructuary right
direito usufrutuário

usury
usura; agiotagem
utility
utilidade pública; companhia de serviços públicos
utility easement
servidão público
utility program *(computer)*
programa utilitário
(computação)

V

vacancy rate
taxa de vacância ; índice de vagas; índice de desocupação
vacant
vago; vacante; vazio; desocupado; devoluto
vacant land
terreno vago; terra desocupada
vacate
anular; cancelar; rescindir; vagar; desocupar; deixar livre
valid
válido; valioso; legal; eficaz; eficiente
valuable consideration
contraprestação contratual de alto valor; consideração válida
valuable papers (records) insurance
seguro de documentos (registros) valiosos
valuation
avaliação; estimativa
value date
data valor; dia de pagamento; data de vencimento
value in exchange
valor em intercâmbio
value line investment survey
modelo projetado de investimentos
value-added tax
imposto sobre o valor agregado; imposto sobre o valor acrescentado (P)
variable
variável
variable annuity
anuidade variável
variable cost
custo variável
variable interest rate
juro pois fixado
variable life insurance
seguro de vida variável
variable pricing
preço variável
variable-rate mortgage (VRM)
hipoteca com taxa de juros variável
variables sampling
amostragem de variáveis
variance
variação; flutuação; desacordo; diferença; discórdia; desavença; desvio
variety store
loja de variedades; bazar
velocity
velocidade
vendee
comprador; adquirente
vendor
vendedor; fornecedor
vendor's lien
direito de retenção pelo vendedor; responsabilidade do fornecedor; graveme do fornecedor; venda com alienação fiduciária do bem
venture
s. empreendimento arriscado; especulação comercial
v. empreender; arriscar
venture capital
capital de risco
venture team
equipe da empresa
verbations
comentários verbais
vertical analysis
análise vertical
vertical discount
desconto vertical
vertical management structure
estrutura de administração vertical

vertical promotion
promoção vertical
vertical specialization
especialização vertical
vertical union
união vertical
vested interest
direito deferido; direito disponível; capital realizado; direitos adquiridos
vesting
 aquisição de direitos
vicarious liability
responsabilidade indireta; responsabilidade por fato de terceiro
vice-president
vice-presidente
video conference *(computer)*
videoconferência *(computação)*
video graphics board *(computer)*
placa gráfica de vídeo *(computação)*
violation
violação; infração; lesão
virtual memory *(computer)*
memória virtual *(computação)*
visual interface *(computer)*
interface virtual *(computação)*
vocational guidance
orientação professional
voice mail *(computer)*
correio verbal *(computação)*
voice recognition *(computer)*
reconhecedor de voz *(computação)*
voidable
anulável; cancelável
volatile
instável
volume
volume
volume discount
desconto baseado em volume
volume merchandise allowance
desconto pelo volume das mercadorias
voluntary accumulation plan
plano voluntário de acumulação
voluntary bankruptcy
falência voluntária
voluntary conveyance
transferência voluntária
voluntary lien
gravame voluntário
voting right
direito de voto
voting stock
ações com direito a voto
voting trust certificate
certificado do fiduciário para votação
voucher
1. comprovante; vale; ordem guia de lançamento; documento
2. fiador; abonador
voucher register
registro de contas a pagar

W

wage
salário; ordenado; remuneração
wage assignment
cessão de salários
wage bracket
escala salarial
wage ceiling
teto salarial; tecto salarial (P)
wage control
controle salarial
wage floor
salário base; piso salarial
wage freeze
congelamento salarial
wage incentive
incentivo salarial
wage rate
taxa de mão-de-obra
wage scale
escala salarial
wage stabilization
equilíbrio salarial
wage-push inflation
inflação por subida de salários
waiver
renúncia;dispensa; isenção; abandono; abdicação; abstenção; desistência de direito; derrogação
walkout
greve; saída em protesto
wallflower
valor de pouca cotização
wallpaper *(computer)*
wallpaper; papel de parede
ware
mercadoria
warehouse
armazém; depósito
warm boot *(computer)*
partida a quente; partida automática

warm start
partida a quente
warranty
garantia
warranty deed
contrato de garantia
warranty of habitability
garantia de habitabilidade
warranty of merchantability
garantia de comercialização
wash sale
compra e venda de valores idênticos em curto espaço de tempo
waste
desperdício; perda; resíduo; lixo
wasting asset
bem consumível; ativo perecível
watch list
lista de ações sob vigilância
watered stock
ações diluídas; ações oferecidas a preços superiores aos valores contábeis
waybill
manifesto; guía, mapa de rota
weak market
mercado fraco
weakest link theory
teoria do laço mais fraco
wear and tear
uso e desgaste; desgaste natural da coisa; deterioração pelo uso
wearout factor
fator de desgaste
web browser *(computer)*
programas que permitem navegar na rede*(computação)*
web server *(computer)*
servidor da rede *(computação)*

welfare state
estado do bem-estar social; sistema de benefícios sociais mantido pelo estado; bem estar comum; estado previdência (P)
when issued
quando emitido; na emissão; na fonte
whipsaw
levar vantagem;
white goods
produtos de linha branca
white knight
cavaleiro branco; investidor que defende companhia alvo de oferta hostil
white paper
anúncios divulgado pelas empresas, informando características de seus produtos
whole life insurance
seguro de vida pagável apenas com a morte e não do tipo restituível com o passar dos anos
whole loan
empréstimo total
wholesaler
atacadista; grossista; vendedor em grande escala
widget
caixa de texto, botão, etiqueta, janela ou qualquer outro componente da interface do programa
widow-and-orphan stock
ações de baixo risco de empresas reconhecidas que pagam grandes dividendos
wildcat drilling
perfuração exploratória
wildcat strike
greve ilegal
will
1. testamento
2. vontade; árbitro; desejo; intenção
windfall profit
ganho inesperado; lucro extraordinário
winding up
liquidação; dissolução

window
janela
window *(computer)*
janela *(computação)*
window dressing
alterações nas contas para causar boa impressão; maquilar (informal); mutreta contábil
windows application *(computer)*
aplicação para Windows *(computação)*
wipeout
amortização
wire house
membro de uma Bolsa que tenha um sistema de comunicação entre os seus escritórios ou com escritórios de firmas correspondentes ou ambas as coisas
withdrawal
saque; retirada; levantamento
withdrawal plan
plano de retiradas
withholding
desconto na fonte; retenção na fonte
withholding tax
imposto retido na fonte
without recourse
sem recurso
wizard *(computer)*
assistente *(computação)*
word processing *(computer)*
processamento de texto *(computação)*
word wrapping *(computer)*
ajuste de texto*(computação)*
work force
mão de obra; força de trabalho
work in progress
trabalho em andamento; trabalho em curso
work order
ordem de serviço
work permit
autorização de trabalho para mão-de-obra estrangeira
work simplification
simplificação do trabalho

work station
estação de trabalho
work stoppage
paralisação
work week
semana laboral ; semana de trabalho
working capital
capital de giro; fundo de maneio
workload
carga de trabalho
workout
efetuar; executar
worksheet
folha de trabalho; planilha; registro das horas de trabalho
worksheet *(computer)*
planilha eletrônica *(computação)*
World Bank
Banco Mundial. Também Banco Internacional para a Reconstrução e Desenvolvimento (BIRD)
world wide web (www) *(computer)*
(www) teia de alcance mundial *(computação)*
worm *(computer)*
vírus *(computação)*
worth
valor; patrimônio

wraparound mortgage
segunda hipoteca
wraparound type *(computer)*
tipo de processamento automático *(computação)*
writ
mandado; ordem por escrito; ordem fiscal
writ of error
recurso cabível junto aos tribunais superiores para o re-exame de uma questão de direito, cuja admissibilidade é direito do recorrente e não depende do poder discricionário dos juízes
write error *(computer)*
erro de escrita; erro de gravação *(computação)*
write-protected *(computer)*
protegido contra gravação; só leitura *(computação)*
writer
escritor; emissor de opções
write-up
avaliar para mais; superavaliar
writing naked
amortização ao descoberto
written-down value
valor de amortização; valor escriturado; redução do valor contábil de um ativo

XYZ

x-coordinate *(computer)*
coordenada X *(computação)*
y-coordinate *(computer)*
coordenada Y *(computação)*
year-end
final de ano; final do exercício
year-end dividend
dividendo do final de um exercício
year-to-date (YTD)
acumulado do ano
yellow dog contract
contrato de trabalho condicionado ao compromisso do empregado de não se filiar a um sindicato, sob pena de despedida
yellow goods
bens correntes
yellow sheets
folhas amarelas
yield
taxa de rendimento; rentabilidade
yield curve
curva de rentabilidade
yield equivalence
equivalência de rendimento
yield spread
diferença de rendimento
yield to average life
rentabilidade de produtos correntes
yield to call
rendimentos a resgatar; taxa de rentabilidade efetiva obtida com uma obrigação no caso desta ser objeto de reembolso antecipado
yield-to-mature (YTM)
rendimentos a vencer;
yo-yo stock
ações com preço variável
z score
escore Z
zero coupon bond
obrigação sem cupom ; título com pagamento único no seu vencimento inclusive juros
zero economic growth
crescimento econômico zero
zero lot line
construção de estruturas nos limites de um terreno
zero population growth (ZPG)
crescimento demográfico zero
zero-base budgeting (ZBB)
orçamentação base-zero
zero-sum game
jogos de soma zero
zone of employment
área de emprego
zoning
zoneamento
zoning map
zoneamento municipal
zoning ordinance
lei de zoneamento municipal
zoom function *(computer)*
função ZOOM *(computação)*

Portuguese into English

A

a curto prazo
short term
a descoberto em risco
at risk
a domicílio
house to house
a pagar
outstanding
a ser cumprido
executory
a título gratuito
gift deed
à vista
on demand
abaixar a média
average down
abaixo do preço
off-price
abandono
abandonment
abarrotar estoques
stockpile
abastecimento
supply
abatimento
rebate
aberto
open-end
abono de distribuição
distribution allowance
abono para manuseio
handling allowance
abonos por promoção
promotional allowance
abortar *(computação)*
abort *(computer)*
abrigo tributário excessivo
abusive tax shelter
abrogar
abrogate
absorvido
absorbed

ação boa
good delivery
ação da alta cotização
hot stock
ação de despejo
ejectment
ação de despejo por falta de pagamento do aluguel
dispossess proceedings
ação de primeira linha
blue-chip stock
ação de reivindicação
replevin
ação de reparação
trespass
ação derivativa dos acionistas
stockholder's derivative action
ação fracionária
fractional share
ação para decidir ponto de princípio
friendly suit
ação registrada na Bolsa
listed security
ação sem valor nominal
no-par stock
ação
share
aceitação
acceptance
aceite bancário
banker's acceptance
aceite
acceptance
aceleração
acceleration; speedup
acelerador *(computação)*
drive *(computer)*
acessão
accession; accretion

acesso *(computação)*
access *(computer)*
acesso comutado
dial-up
acesso direto
direct access
acesso remoto *(computação)*
remote access *(computer)*
acionador e agitador
mover and shaker
acionista
shareholder; stockholder
acionista controlador
controlling interest
acionista majoritário
majority shareholder
acionista principal
principal stock holder
acionista registrado
stockholder of record
ações a descoberto
short interest
ações atrativas
glamour stock
ações autorizadas
shares authorized
ações autorizadas ou estoque
 autorizado
authorized shares or authorized
stock
ações cíclicas
cyclical stock
ações classificadas
classified stock
ações com direito a voto
voting stock
ações com preço variável
yo-yo stock
ações de capital em circulação
outstanding capital stock
ações de classe B
class action B shares
ações de resultado
performance stock
ações diluídas
watered stock
ações disponíveis para a compra
floating supply

ações doadas
donated stock
ações fortuitas
forward stock
ações inativas
inactive stock or inactive bond
ações não cumulativas
noncumulative preferred stock
ações ordinárias
common stock
ações preferenciais
cumulative preferred stock,
preferred stock; participating
preferred stock
ações preferenciais
 prioritárias
prior-preferred stock
ações preferenciais
 secundárias
second-preferred stock
ações sem direito a voto
nonvoting stock
acordo de diferença entre dois
 valores
spreading agreement
acordo de ocupação
 limitada
limited occupancy agreement
acordo de retificação
supplemental agreement
acordo de seguro
insurance settlement
acordo de transações
trade agreement
acordo
agreement
acre
acre
acumulado do ano
year-to-date (YTD)
acumular
accrue
acumular
amass
ad infinitum
ad infinitum
ad valorem
ad valorem

adelir *(computação)*
delete *(computer)*
adendo
addendum
adiantamento
advance
adicional noturno
shift differential
administração da propriedade
property management
administração de banco de dados
database management
administração de equipes
team management
administração de materiais
materials management
administração de primeiro nível
first-line management
administração de registros
records management
administração de risco
risk management
administração de tarefas
task management
administração de tempo
time management
administração do escritório
office management
administração geral de investimentos
general management trust
administração por crise
management by crisis
administração por objetivos
management by objective (MBO)
administração
back office; management
administrador da carteira de valores
portfolio manager
administrador da rede *(computação)*
network administrator *(computer)*
administrador de sistemas *(computação)*
system administrator *(computer)*

administrador
administrator
administrar
administer; manage
admissão
acknowledgment
adversário
adversary
advogado
attorney-at-law; counsel
agência de empregos
employment agency
agência mercantil
mercantile agency
agenciamento
agency
agenda oculta
hidden agenda
agente especial
special agent
agente fiduciário
escrow agent
agente fiscal
fiscal agent
agente vendedor
selling agent
agente
agent
ágio cobrado na venda de bônus
bond premium
ágio
call premium; premium
aglomeração modificada
modified accrual
aglomeração
agglomeration; crowd
agregação de duas ou mais dimensões
cross tabulation
agregação do mercado
market aggregation
agroindústria
agribusiness
agrupamento
bunching
ajuda de custo
spending money

ajuntamento
assemblage
ajustador externo
independent adjuster
ajustamento sazonal
seasonal adjustment
ajuste ao valor do mercado
mark to the market
ajuste de efeito retroativo
retroactive adjustment
ajuste de exercício anterior
prior period adjustment
ajuste de perdas
loss adjustment
ajuste de texto*(computação)*
word wrapping *(computer)*
ajuste do custo de vida
cost-of-living adjustment (COLA)
ajuste dos preços
price lining
alavancagem financeira
leverage
alavancagem inversa
reverse leverage
alavancagem positiva
positive leverage
alcanço do trabalho
job depth
alegação
allegation
alienação fiduciária
chattel mortgage
alienação
alienation
alimentador de papel *(computação)*
sheet feeder *(computer)*
alinhamento (esquerda/ direita)
flush (left/right) *(computer)*
almoxarifado
stockroom
alocar
allocate
alodial
allodial
alojamento aberto
open housing
alta resolução *(computação)*
high resolution *(computer)*

alta tecnologia
high technology
alta velocidade *(computação)*
high-speed *(computer)*
alterações de ordem
permutations
alternância de vencimentos
staggering maturities
alto nível de conhecimento
knowledge intensive
aluguel básico
base rent
aluguel bruto
gross lease
aluguel cobrado em forma de percentagem sobre um negócio
percentage lease
aluguel mês a mês
month-to-month tenancy
aluguel
rent
alvará de construção
building permit
amenidades
amenities
amenizador
sweetener
amoedação
mintage
amortização
amortization; wipeout
amortização a prazos
amortization term
amortização ao descoberto
writing naked
amortização física
physical depreciation
amortização negativa
negative amortization
amostragem
sampling
amostragem a domicílio
house-to-house sampling
amostragem aleatória
random sample
amostragem aleatória estratificada
stratified random sampling

amostragem de característica
attribute sampling
amostragem de contas
quota sample
amostragem de conveniência
convenience sampling
amostragem de variáveis
variables sampling
amostragem em bloco
block sampling
amostragem em grupo
cluster sample
amostragem estatística
statistical sampling
**amostragem para análise e
 aceitação**
acceptance sampling
amostragem por conglomerados
cluster sampling
amostragem por descobrimento
discovery sampling
amostragem por julgamento
judgment sample
amostragem sistemática
systematic sampling
amparo hipotecário
mortgage relief
ampliado *(computação)*
expandable *(computer)*
análise
analysis
análise custo-benefício
cost-benefit analysis
análise da série temporal
time series analysis
análise de equilíbrio geral
general equilibrium analysis
**análise de equilíbrio
 parcial**
partial-equilibrium analysis
análise de nivelamento
break-even analysis
análise de quebra
failure analysis
análise de recuperação
recall study
análise de regressão
regression analysis

análise de segmentos
cluster analysis
análise de variança
analysis of variance (ANOVA)
análise diferencial
differential analysis
análise do ano base
base-year analysis
análise do custo de distribuição
distribution cost analysis
análise do mercado
market analysis
análise econômica
economic analysis
análise em gênero
gender analysis
análise fatorial
factor analysis
análise fundamental
fundamental analysis
análise horizontal
horizontal analysis
análise incremental
incremental analysis
análise por meio de quocientes
ratio analysis
análise profissional
occupational analysis
análise qualitativo
qualitative analysis
análise quantitativo
quantitative analysis
análise técnica
technical analysis
análise vertical
vertical analysis
analista de crédito
credit analyst
analista de mercado
chartist
analista de valores
securities analyst
analista de vendas
sales analyst
analistas
analysts
anexação
annexation

anexo
rider
animar *(computação)*
animate *(computer)*
ano civil
calendar year
ano fiscal
natural business year; taxable year
anuidade antecipada
annuity in advance
anuidade combinada
hybrid annuity
anuidade de pagamentos diferidos
deferred-payment annuity
anuidade em atraso
annuity in arrears
anuidade fixa
fixed annuity
anuidade grupal postergada ou diferida
deferred group annuity
anuidade paga aos beneficiários depois da morte do titular
joint and survivor annuity
anuidade paga no final do período
ordinary annuity
anuidade variável
variable annuity
anuidade vencida
annuity due
anuidade
annuity
anulável
voidable
anúncio pago
teaser ad
ao melhor preço
or better
ao par
at par
ao preço de abertura
at the opening
aparcamiento
parking
apartamento cooperativo
cooperative apartment
apelação genérica
generic appeal

apelação geral
mass appeal
aperfeiçoado
perfected
aperto
squeeze
aplicação de fundos
application of funds
aplicação de lote *(computação)*
batch application *(computer)*
aplicação de publicidade
advertising appropriation
aplicação para Windows *(computação)*
windows application *(computer)*
apólice
bond
apólice a tempo
term life insurance
apólice de crédito hipotecário
mortgage insurance policy
apólice de fidelidade aos empregados de um programa
name schedule bond
apólice de participação
participating policy
apólice principal
master policy
apólice segundo o nome dos empregados
name position bond
apólice totalmente paga
fully paid policy
apólices suscetíveis a juros
interest sensitive policies
aposentadoria
retirement
aposentadoria antecipada
early retirement
aposentadoria diferida
deferred retirement
aposentadoria obrigatória
compulsory retirement
aposentar-se
retire
aposta
stake

apostas
sweepstakes
applet aplicação
(computação)
applet *(computer)*
apreciação
appreciation
apreciar valorizar
appreciate
apreender
impound
apresentação
presentation, referral
apresentar razoavelmente
present fairly
apropriação de custos
cost application
apropriação
appropriation
aproveitador
profiteer
aquisição alavancada
leveraged buyout (LBO)
aquisição de direitos
vesting
aquisição de um negócio
takeover
aquisição fracassada
bust-up acquisition
aquisição
acquisition
arbitragem
arbitrage
arbitragem compulsória
compulsory arbitration
arbitragem fiscal
tax straddle
arbitragem
arbitration
arbitro
arbiter, arbitrator, referee
área adjacente a dormitórios
curtilage
área comum
common area
área de demanda
demand area

área de emprego
zone of employment
área de impacto
impacted area
área de mercado de lançamento
primary market area
área defeituosa
blighted area
área do estudo
survey area
área do mercado
market area
área em acres
acreage
área metropolitana
metropolitan area
área mínima
minimum lot area
área para aluguel
rentable area
área para arrendamento
gross leaseable area
área total de aluguel
net leasable area
armazém
independent store, warehouse
armazenagem de arquivos
archive storage
arquivo
file
arquivo alvo *(computação)*
target file *(computer)*
arquivo auxiliar *(computação)*
auxiliary file *(computer)*
arquivo de destino (rede)
(computação)
destination file (network)
(computer)
arquivo de imagem
(computação)
image file *(computer)*
arquivo de lote *(computação)*
batch file *(computer)*
arquivo de segurança
(computação)
backup file *(computer)*
arquivo protegido *(computação)*
protected file *(computer)*

arquivo público *(computação)*
public file *(computer)*
arranjo
array
arrecadação de fundos
fund-raising
arrecadação
collection
arrendador
lessor
arrendamento aberto
open-end lease
arrendamento com alavancagem
leveraged lease
arrendamento com características de venda
sales type lease
arrendamento da propriedade
ground lease; proprietary lease
arrendamento de bens do imobilizado
capital lease
arrendamento de equipamentos
equipment leasing
arrendamento de financiamento direto
direct financing lease
arrendamento depois de uma reavaliação
reappraisal lease
arrendamento estabelecido no contrato
contract rent
arrendamento exclusivo
tenancy in severalty
arrendamento expresso
tenancy at will
arrendamento feito por um arrendatário
sandwich lease
arrendamento financeiro
financial lease
arrendamento neto
net lease
arrendamento por um certo número de anos
tenancy for years

arrendamento primário
primary lease
arrendamento principal
master lease
arrendamento real
true lease
arrendamento segundo o índice
index lease
arrendatário principal
anchor tenant
arrendatário
lessee
artigos mais vendidos
big-ticket items
assalariado
breadwinner, salariat
assédio sexual
sexual harassment
assessor de investimentos
investment counsel
assessor em administração
management consultant
assessor
consultant
assimilação
assimilation
assinatura garantida
guarantee of signature
assíncrono
asynchronous
assistência técnica
servicing
assistente *(computação)*
help wizard, wizard *(computer)*
assistente digital pessoal *(computação)*
personal digital assistant (PDA) *(computer)*
assistido por computador *(computação)*
computer-aided *(computer)*
associação comunitária
community association
associação de moradores
homeowner's association
associação federal de poupanças e empréstimos
federal savings and loan association

associação mútua
mutual association
associação
association, partnership
assunção corrente do seguro de vida total
current assumption whole life insurance
assunção de hipotéca
assumption of mortgage
assunção hipotecária
mortgage assumption
asterisco *(computação)*
asterisk *(computer)*
ata
minutes
atenção cuidado
attention
atestado de inventário
inventory certificate
atestar
attest
ativar *(computação)*
activate, enable *(computer)*
ativar um arquivo *(computação)*
activate a file *(computer)*
ativar uma macro *(computação)*
activate a macro *(computer)*
atividades passivas
passive activities
ativo
asset
ativo circulante
current asset
ativo fixo
capital assets
ativo fixo
fixed asset
ativo não circulante
noncurrent asset
ativo neto realizável
net quick assets
ativo oculto
hidden asset
ativo patrimonial líquido
shareholder's equity
ativo tangível
tangible asset
ativos intangíveis
intangible asset
ativos líquidos
liquid asset, net assets
ato de falência
act of bankruptcy
ato de quebra
act of bankruptcy
ato fortuito
act of God
ato ilícito
tort
atos contra o monopólio
antitrust acts
atrasados
arrears
atraso
arrearage, backlog
atualização do processador *(computação)*
processor upgrade *(computer)*
atualizar *(computação)*
refresh, update *(computer)*
atuário
actuary
audiência
audience, hearing
auditor
auditor
auditor controlador
comptroller, controller
auditoria
audit
auditoria completa
complete audit
auditoria contínua
continuous audit
auditoria de adimplemento
compliance audit
auditoria de gestão
management audit
auditoria externa
external audit
auditoria interna
interim audit, internal audit
auditoria limitada
limited audit

auditoria no local
site audit
auditoria operacional
operational audit
aumento brusco de preços
rally
**aumento de salário
diferido**
deferred wage increase
**aumentoa no fluxo de
caixa**
incremental cash flow
autenticação
authentication
autenticar
notarize
auto-ajuda auto-auxílio
self-help
autor da ação
plaintiff
autoridade expressa
express authority
autoridade funcional
functional authority
autoridade inferida
inferred authority
autoridade lascada
splintered authority
autoridade presumida
apparent authority
**autorização de trabalho para
mão-de-obra estrangeira**
work permit
autorização do usuário
user authorization *(computer)*
autorização para transações
trading authorization

autorizar *(computação)*
sign off *(computer)*
avaliação
appraisal
avaliação da deficiência
assessment of deficiency
avaliação de cargo
job evaluation
avaliação de fontes
source evaluation
avaliação
valuation
avaliação de licença
licensing examination
avaliador objetivo
unbiased estimator
avaliador
assessor
avaliador lançador
appraiser
avaliar
appraise
avaliar para mais
write-up
avalizar
cosign
aversão ao risco
risk aversion
**aviltamento redução na
qualidade**
debasement
aviso
notice
aviso de inadimplemento
notice of default
avulsão
avulsion

B

baixa estação
off peak
baixa resolução *(computação)*
low resolution *(computer)*
baixar *(computação)*
download *(computer)*
baixo
low
balança comercial
balance of trade
balança comercial desfavorável
unfavorable balance of trade
balança comercial favorável
favorable trade balance
balanço
statement of condition
balanço de fechamento
closing statement
balanço de pagamentos
balance of payments
balanço de situação
financial statement
balanço de verificação
trial balance
balanço depois do fechamento
post closing trial balance
banca de concentração
concentration banking
banco
bank
banco associado
member bank
banco central
central bank
Banco Central
Federal Reserve Board (FRB)
BancoCentral Reserva Federal
Federal Reserve Bank
banco comercial
commercial bank
banco de crédito rural banco agrícola
land bank

banco de empregos
job bank
banco de investimento
merchant bank
Banco Internacional para a Reconstrução e Desenvolvimento (BIRD)
International Bank for Reconstruction and Development (IBRD)
Banco Mundial
World Bank
banco não associado
nonmember bank
banco rural
soil bank
banda de embalagem
package band
banda de flutuação
trading range
banda larga
bandwidth
banda magnética *(computação)*
magnetic strip *(computer)*
banqueiro de investimentos
investment banker
barganhista
bargain hunter
barômetro
barometer
barra de espaço *(computação)*
space bar *(computer)*
barra de estado *(computação)*
status bar *(computer)*
barra de ferramentas *(computação)*
tool bar *(computer)*
barra de menus *(computação)*
menu bar *(computer)*
barra de símbolos
symbol bar *(computer)*

barra de tarefa
task manager *(computer)*
barra de título *(computação)*
title bar *(computer)*
barra invertida
(computação)
backslash *(computer)*
barreira comercial
trade barrier
base
basis
base após os impostos
after-tax basis
base ascendente
stepped-up basis
base de caixa
cash basis
base de custo
cost basis
base de dados
database
base de dados em linha
on-line data base
base de índice
index basis
base de taxação ajustada
adjusted basis or adjusted tax basis
base econômica
economic base
base imponível
tax base
bases anuais
annual basis
baud
baud
bem consumível
wasting asset
bem de família
homestead
bem de produção
income property
bem imóvel depreciável
depreciable real estate
bem imóvel recobrado
real estate owned (REO)
bem incorpóreo propriedades
  incorpóreas
incorporeal property

bem inferior
inferior good
bem móvel
chattel
bem objeto do direito de reversão
reversion
bem próprio
estate in severalty
bem segurável
insurable interest
bem-estar da patente
patent warfare
beneficiário
beneficiary
beneficiário de anuidade ou
  anual
annuitant
beneficiário do seguro
policy holder
beneficiário
payee
benefício do período de emprego
past service benefit
benefício
benefit
benefícios adicionais
fringe benefits
benefícios alocados
allocated benefits
benefícios da aposentadoria
  antecipada
early retirement benefits
benefícios da greve
strike benefits
benefícios do empregado
employee benefits
benefícios fixos
fixed benefits
benefícios pagos pela empresa
company benefits
benefícios por demissão
termination benefits
benefícios por incapacidade ou
  invalidez
disability benefit
benfeitoria em propriedade
  arrendada
leasehold improvement

benfeitorias
fixture
bens
goods
bens alfandegados
bonded goods
bens correntes
yellow goods
bens de capital
capital goods
bens de consumo
consumer goods
bens de consumo não duráveis
soft goods
bens de produção
producer goods
bens de um determinado setor
specialty goods
bens dotais
dower
bens duráveis
hard goods
bens e serviços
goods and services
bens imóveis
real property
bens intermediários
intermediate goods
bens móveis corpóreos
tangible personal property
bens não duráveis
nondurable goods
bens que mudamos pela moda
orange goods
bens seqüestrados ou retidos
distressed property
bloco
block
boa documentação
good title
boa-fé
bona fides
boa-fé
good faith
boi de piranha
loss leader
boicote
boycott
boicote primário
primary boycott
boicote secundário
secondary boycott
boletim oficial
bulletin
bolsa de Nova Iorque
big board
bolsa de valores
exchange, stock exchange
Bolsa de Valores Americana
American Stock Exchange (AMEX)
bonificação de ações
stock dividend
bonificação
allowance
bônus a pagar com as receitas
revenue bond
bônus por transporte
portal-to-portal pay
boot-up *(computação)*
boot *(computer)*
brilho *(computação)*
brightness *(computer)*
bruto total
gross
burô de serviços
service bureau
burocracia (excesso de papéis)
red tape
burocrata
bureaucrat
busca do título
title search

C

cabeçalho *(computação)*
header *(computer)*
caché *(computação)*
cache *(computer)*
cadastro de contribuintes de imposto
tax roll
cadeia alimentar
chain feeding
cadeia associada
affiliated chain
cadeia de comando
chain of command
caixa
cashier, till
caixa de ferramentas *(computação)*
tool box *(computer)*
caixa de texto
widget
caixa forte
lock box
caixa pequena
petty cash fund
caixa postal *(computação)*
mailbox *(computer)*
caixa registradora
cash register
calcular
assess
cálculo
reckoning
caloteiro
deadbeat
câmara de compensação de cheques
clearinghouse
câmbio de moedas estrangeiras
foreign exchange
câmbio de página forçado *(computação)*
forced page break *(computer)*
câmbio oficial
official exchange rate
cambista
scalper
caminho *(computação)*
path *(computer)*
caminho aleatório
random walk
campanha corporativa
corporate campaign
campanha de recuperação
recall campaign
campo da tabela *(computação)*
table field *(computer)*
campo de entrada *(computação)*
input field *(computer)*
canal de distribuição
channel of distribution
canal de vendas
channel of sales
cancelamento do gravame
discharge of lien
cancelar
cancel, recall
canhoto de cheque
check stub
capacidade de endividamento de valores
borrowing power of securities
capacidade ideal
ideal capacity
capacidade máxima
maximum capacity
capacidade ociosa
idle capacity
capacidade ótima
optimum capacity
capacidade prática
practical capacity
capacidade
capacity

capital
capital
capital aberto
publicly held
capital de giro
working capital
capital de giro negativo
negative working capital
capital de risco
venture capital
capital deficitiário
impaired capital
capital em melhorias
capital improvement
capital inicial
front money, seed money
capital integralizado
paid-in capital
capital integralizado adicional
additional paid-in capital
capital não emitido
unissued stock
capital próprio
net current assets
capital social
capital stock
capital suor
sweat equity
capitalismo
capitalism
capitalismo absoluto
pure capitalism
capitalização total
total capitalization
capitalizar
capitalize
caractere *(computação)*
character *(computer)*
característica de amortização
call feature
carga
cargo, load, lading
carga de trabalho
workload
carga negativa
negative carry
carga útil
payload

carregamento com dificuldade para execução monetária
hot cargo
carro da empresa
company car
carta de acompanhamento
follow-up letter
carta de fiança
bail bond
carta de intenções
letter of intent
carta de remessa
transmittal letter
carta de vendas
sales letter
carta noturna
night letter
cartão de crédito
credit card
cartão de pedidos
order card
cartão de ponto
time card
cartão de resposta comercial
business reply card
cartão magnético *(computação)*
magnetic card *(computer)*
carta-resposta
business reply envelope
carteira de ações eficiente
efficient portfolio
carteira de valores
portfolio
carteira de vendas
sales portfolio
cartel
cartel
cartel de mercadorias
commodity cartel
cartel internacional
international cartel
cartucho de toner
toner cartridge *(computer)*
casa
house
cassar
disaffirm

caução
escrow
caução ao recurso taxa judicial prévia à apresentação de recurso
appeal bond
caução de mandato judicial
injuction bond
caução judicial
judicial bond
caução para garantir pagamento
payment bond
causa de pedir possibilidade jurídica do pedido causa e efeito
cause of action
causa imediata
procuring cause
cautela de ações
scrip
cautela
stock certificate
cavaleiro branco
white knight
cedente
assignor
célula ativa *(computação)*
active cell *(computer)*
célula em branco *(computação)*
blank cell *(computer)*
censura
censure
central de compras
central buying
centralização
centralization
centro comercial
mall
centro de custos
cost center
centro de lucros
profit center
centro decadente
inner city
centro principal
central business district (CBD)
certidão de auditor
auditor's certificate
certidão de cartório de registro de imóveis
abstract of title
certidão de liquidação de hipoteca
satisfaction piece
certidão de pagamento antecipado de impostos
tax anticipation bill (TAB),
tax anticipation note (TAN)
certidão de redução
reduction certificate
certidão de titularidade
certificate of title
certidão de uso
certificate of use
certificação
certification
certificado de apoio hipotecário
mortgage-backed certificate
certificado de depósito bancário
certificate of deposit (CD)
certificado de depósito negociável
negotiable certificate of deposit
certificado de depósito por uma quantia maior
jumbo certificate of deposit
certificado de participação
participation certificate
certificado do fiduciário para votação
voting trust certificate
certificado fiduciário
trust certificate
cessão
devise, assignment
cessão de salários
wage assignment
cessão do apólice como garantia
collateral assignment
cessão do seguro de vida
life insurance surrender
cessão
cessionário
assignee
chamada
call

chefe da família
head of household
chefe falso
straw boss
cheque
check
cheque a terceiros
third-party check
cheque administrativo
registered check
cheque bancário
cashier's check
cheque com valor
raised check
cheque de paridade
parity check
cheque interno
internal check
cheque visado
certified check
ciberespaço *(computação)*
cyberspace *(computer)*
ciclo administrativo
management cycle
ciclo contábil
accounting cycle
ciclo de cobrança
billing cycle
ciclo de Kondratieff
long-wave cycle
ciclo de vida
life cycle
ciclo de vida do investimento
investment life cycle
ciclo de vida do produto
product life cycle
ciclo de vida familiar
family life cycle
ciclo negocial
business cycle
ciclo operacional
operating cycle
cidade nova
new town
ciência administrativa
management science
ciência atuária
actuarial science
ciência da Economia
economics
ciente
scienter
cifra
cipher
circuito fechado
loop
circuito integrado
integrated circuit
circulação monetária
currency in circulation
circunferencia
girth
circunscrição
circuit
circunstâncias atenuantes
extenuating circumstances
cisterna
tank car
classe baixa
underclass
classe
class
classificação
classification
classificação de obrigação
bond rating
classificação de segurança
security rating
classificação do crédito
credit rating
classificação do trabalho
job classification
classificação por méritos
merit rating
classificação prospectiva
prospective rating
cláusula
clause, proviso
cláusula contra colapsos
fallen building clause
cláusula de abandono
abandonment clause
cláusula de aquisição subseqüente
after-acquired clause
cláusula de aviso de cancelamento
notice of cancellation clause

cláusula de caducidade
sunset provision
cláusula de cancelamento
cancellation clause
cláusula de cobertura por danos com fumo
smoke clause
cláusula de comoriência
common disaster clause
cláusula de escala móvel cláusula de correção monetária
escalator clause
cláusula de explosão inerente
inherent explosion clause
cláusula de habilitação
enabling clause
cláusula de insolvência
insolvency clause
cláusula de liberação
release clause
cláusula de pagamento à vista
due-on-sale clause
cláusula de pagamento antecipado
prepayment clause, prepayment privilege
cláusula de restrição à alienabilidade
restraint on alienation
cláusula de seguro
other insurance clause
cláusula de sobrevivência
survivorship clause, nondisturbance clause
cláusula de suicídio
suicide clause
cláusula de troca de beneficiário
change of beneficiary provision
cláusula de valor no mercado
market value clause
cláusula de vencimento antecipado
acceleration clause
cláusula discutível
contestable clause
cláusula incontestável
incontestable clause
cláusula para reabrir
reopener clause
cláusula provisória de cancelamento
cancellation provision clause
cláusula restritiva
restrictive covenant
cláusula transitória
pipeline
cliente
client, customer
clique duplo *(computação)*
double click *(computer)*
clube de investimentos
investment club
clube de serviços
service club
coação
duress
cobertura alargada
extended coverage
cobertura condicionada
dependent coverage
cobertura de bens móveis sem localização fixa
personal property floater
cobertura de cargo fixo
fixed-charge coverage
cobertura de dividendos preferenciais
preferred dividend coverage
cobertura do seguro
insurance coverage
cobertura fiscal
tax shelter
cobertura total seguro total
full coverage
cobrança antecipada de taxas
front-end load
cobrança de ciclo
cycle billing
cobrança insistente
dun
cobrável
collectible
cobrir venda a descoberto
short covering
cobrir
cover
co-devedor hipotecário
co-mortgagor

codicilo
codicil
codificação
encoding
codificação de contas
coding of accounts
código
code
código de barras
bar code
código de edificações
building code, housing code
código de embalagem
package code
código de ética
code of ethics
código universal de produto
universal product code (UPC)
coeficiente beta
beta coefficient
coeficiente de correlação
correlation coefficient
coeficiente de determinação
coefficient of determination
coeficiente de liquidez
current ratio
coisa acessória
appurtenant
coisa certa
specie
coisa litigiosa direito e ação
chose in action
colar *(computação)*
paste *(computer)*
colateral
collateral
colega
colleague
colheita
crop
colocação de trabalho
job placement
colocação direta e privada de emissão de títulos
private offering, private placement
colocação privada de acções ordinárias
letter stock
coluna da tabela *(computação)*
table column *(computer)*
colusão
collusion
com desconto abaixo do par
below par
com direitos
cum rights
com dividendo
cum dividend
com garantia
cum warrant
com substância
in the money
combinação de negócios
business combination
combinações
combinations
começar *(computação)*
sign on *(computer)*
comentários verbais
verbations
comercial mercantil
commercial
comercialização
marketing, merchandising
comercialização automática
automatic merchandising
comercialização direta
direct marketing
comércio
trade, business
comércio eqüitativo
fair trade
comissão
commission
comissão de empréstimo
loan committee

comissão de segurança
safety commission
Comissão de Valores Mobiliários (SEC)
Securities And Exchange Commission (SEC)
comissão de vendas
sales charge
comitê executivo
executive committee
companhia
company
companhia administradora de fundo de investimentos ilimitada
open-end management company
companhia controladora
holding company
companhia controladora pessoal
personal holding company (PHC)
companhia de investimento regida por normas
regulated investment company
companhia de investimentos
investment company
companhia de investimentos registrada
registered investment company
companhia de responsabilidade limitada
limited company
companhia de seguro marítimo
mutual insurance company
companhia de seguros
insurance company
companhia de títulos imobiliários
title company
companhia dirigida
controlled company
companhia em desenvolvimento
development stage enterprise
companhia financeira
finance company
companhia financeira cativa
captive finance company
companhia registrada
registered company
companhia seguradora de ações
stock insurance company
comparação
indexing
comparações com o mercado
benchmark
comparáveis
comparables
compensação
compensation, loss carryforward, trade-off
compensação diferida
deferred compensation
compensação retroativa
loss carryback, tax loss carryback (carryforward)
compensação retroativa de tributo
carryback
competência entre indústrias
interindustry competition
competição absoluta
pure competition
competição perfeita
perfect competition
competição
competition
competidor
competitor
compilação
compilation
compilador
compiler
complexo de marketing
marketing mix
complexo industrial-militar
military-industrial complex
componente
component part
comportamento afetivo
affective behavior
comportamento do comprador
buyer behavior
comportamento do consumidor
consumer behavior
composição
composition
compra
purchase
compra com pagamento único
lump-sum purchase

compra de mídia
media buy
compra especial
special purchase
compra total
buyout
comprador de amostragem
sample buyer
comprador de boa-fé
bona fides purchaser
comprador de caixa
cash buyer
comprador de mídia
media buyer
comprador de uma só vez
one-time buyer
comprador encarregado
charge buyer
comprador local
resident buyer
comprador
buyer, shopper
comprador adquirente
vendee
compras netas
net purchases
compras recíprocas
reciprocal buying
comprometido
locked in
compromisso
commitment
compromisso de compra e venda
bargain and sale
compromisso hipotecário
mortgage commitment
comprovação de perda ou prejuízo
proof of loss
comprovante
voucher
comprovante de lançamento
journal voucher
computador
computer
computador de bolso *(computação)*
pocket computer *(computer)*
computador de bordo *(computação)*
onboard computer *(computer)*
computador de mão *(computação)*
palmtop *(computer)*
computador portátil *(computação)*
notebook computer *(computer)*
computador principal processador central
mainframe
comunhão de bens
community property
comunicação de massas
mass communication
comunicação por satélite
satellite communication
Comunidade Econômica Européia
European Economic Community (EEC)
comunismo
communism
comutador
commuter
conceito de marketing
marketing concept
concessão
concession
conciliação
conciliation
conciliador
conciliator
conclusão
close out
concorrência desleal
unfair competition
condenação
condemnation
condição anterior à celebração de um ato jurídico
condition precedent
condição posterior à celebração de um ato jurídico
condition subsequent
condições de negócios
business conditions
condições
terms
conexão de alimentação
power connection *(computer)*
conexão paralela *(computação)*
parallel connection *(computer)*

conferência telefônica
conference call
confiabilidade
reliability
confidencial
confidential
confinante adjacente
adjoining
confirmação
confirmation
confirmação positiva
positive confirmation
confisco
forfeiture
conflito de interesses
conflict of interest
confusão
commingling of funds,
confusion
congelamento salarial
wage freeze
conglomerado
conglomerate
congruência de objetivos
goal congruence
conhecimento de embarque
bill of lading
conhecimento de frete aéreo
air bill
conhecimento nominativo
straight bill of lading
conhecimento tecnologia tarimba saber
know-how
conjunta e solidariamente
jointly and severally
conjunto de decisões
decision package
consciência lei moral
moral law
conselho administrativo
directorate
conselho de equidade
board of equalization
conselho eqüitativo
equalization board
conselho fiscal
statutory audit

conservador
conservative
conservadorismo
conservatism
consideração válida
valuable consideration
consignador
consignor
consignatário
consignee
consola
console
consolidação horizontal
horizontal combination
consolidação
pooling of interests
consolidador
consolidator
consórcio
consortium
constante
constant
constante hipotecário
mortgage constant
constituir uma sociedade
incorporate
construção da planta de situação
plot plan
construção de estruturas nos limites de um terreno
zero lot line
construtor independente
independent contractor
construtor
general contractor
consulta em um banco de dados (computação)
query (computer)
consumidor
consumer
consumidor industrial
industrial consumer
consumismo
consumerism
conta
account
conta margem
margin account

conta aberta
open account
conta bloqueada
frozen account
conta com juros elevados
super now account
conta comercial
house account
conta conjunta
joint account
conta controlada
managed account
conta corrente
negotiable order of withdrawal (NOW)
conta corrente com limite de crédito
revolving charge account
conta de adiantamento
drawing account
conta de aposentadoria americana
individual retirement account (IRA)
conta de capital
capital account
conta de custódia
custodial account
conta de despesas
expense account
conta de impostos e empréstimos
tax and loan account
conta de primeiro grau
control account
conta diferida
deferred account
conta do balanço
real account
conta em forma de T
T-account
conta encerrada
closed account
conta eqüitativa de moradores
homeowner's equity account
conta fiduciária
trust account
conta nominal
nominal account
conta pendente
suspense account
conta segurada
insured account
conta sem fins lucrativos
nonprofit accounting
contabilidade
accountancy
contabilidade a valores atuais
current value accounting
contabilidade administrativa
managerial accounting
contabilidade com registro duplo
double-entry accounting
contabilidade de custos
cost accounting, inflation accounting
contabilidade de fundos
fund accounting
contabilidade de partida simples
single-entry bookkeeping
contabilidade de recursos humanos
human resource accounting
contabilidade dos custos de reposição
replacement cost accounting
contabilidade financeira
financial accounting
contabilidade pública
public accounting
contabilista
accountant, bookkeeper
contador
accountant
contagem beta da carteira de valores
portfolio beta score
contar
tally
contas a pagar
accounts payable
contas a receber
accounts receivable
contas das receitas
income accounts
contas do falido
statement of affairs
contestação
demurrer

contingência de ganho
gain contingency
continuidade
continuity
conto do vigário
confidence game
contra ordem
stop order
contracheque
paycheck
contra-conta
contra-asset account
contrafação
forgery
contra-ordem
countermand
contraprestação
 contratual
consideration
contra-proposta
counteroffer
contraste *(computação)*
contrast *(computer)*
contratante empreiteiro
contractor
contrato
contract
contrato a prestação
installment contract
contrato a termo
forward
contrato aleatório
aleatory contract
contrato bilateral
bilateral contact
contrato condicional
conditional contract
contrato de adesão
adhesion contract
contrato de administração
management agreement
contrato de arrendamento
lease
contrato de corretagem da venda
 de imóveis
listing
contrato de emprego
employment contract

contrato de empréstimo para a
 construção de imóveis
building loan agreement
contrato de fato implícito
implied in fact contract
contrato de garantia
warranty deed
contrato de garantia geral
general warranty deed
contrato de indenização
contract of indemnity
contrato de petróleo e gás
oil and gas lease
contrato de preço fixo
fixed-price contract
contrato de recompra
buy-back agreement
contrato de recompra
repurchase agreement (REPO RP)
contrato de rendas garantido
guaranteed income contract (GIC)
contrato de seguro
insurance contract
contrato de seguro reajustável
adhesion insurance contract
contrato de sociedade
certificate of incorporation
contrato de trabalho
labor agreement
contrato de transporte
contract carrier
contrato de troca ou permuta
barter
contrato de venda
agreement of sale
contrato de venda com comissão
open listing
contrato de vendas
sales contract
contrato duplo
dual contract
contrato explícito
express contract
contrato firmado
executed contract
contrato futuro
futures contract, forward contract

contrato imobiliário
land contract
contrato múltiplo
blanket contract
contrato pignoratício
chattel paper
contrato ao custo mais determinada margem
cost-plus contract
contrato provisório de seguro
binder
contrato residencial de serviços
residential service contract
contrato sobre terrenos
run with the land
contrato social
articles of incorporation
contrato tácito
implied contract
contrato triple-net
triple-net lease
contrato unilateral
unilateral contract
contrato verbal
oral contract
contratos de isenção de responsabilidade
hold-harmless agreements
contraventor
misdemeanor
contribuição de capital excedente ao valor nominal
capital contributed in excess of par value
contribuição neta
net contribution
contribuição
contribution
contribuições dos empregados
employee contributions
contribuinte (de impostos)
taxpayer
controladora bancária
bank holding company
controle da linha
line control
controle das existencias
inventory control
controle de câmbio
exchange control
controle de crédito seletivo
selective credit control
controle de custos
cost containment
controle de inventário mediante ações
reserve-stock control
controle de mercadorias
merchandise control
controle de produção
production control
controle de qualidade
quality control
controle de rendas
rent control
controle interno
internal control
controle operacional
operational control
controle salarial
wage control
controle societário
pyramiding
convenção
covenant
convênio de não competência
covenant not to compete
conversão ilícita
conversion
conversão involuntária
involuntary conversion
convertíveis
convertibles
co-obrigação responsabilidade conjunta
joint liability
cooperativa de crédito e poupança
credit union
cooperativa de produtores
producer cooperative
cooperativa de seguros
mutual company
cooperativa
co-op, cooperative
coordenada X *(computação)*
x-coordinate *(computer)*

coordenada Y *(computação)*
y-coordinate *(computer)*
cópia de segurança *(computação)*
back up *(computer)*
cópia de seguridade de arquivo
 (computação)
file backup *(computer)*
cópia fiel
conformed copy
cópia obrigatória
mandatory copy
copiado duplex *(computação)*
duplex copying *(computer)*
copiar *(computação)*
upload *(computer)*
co-propriedade
co-tenancy
corpo
corpus
corporação de fato
de facto corporation
corporação de ofício
guild
corporação estrangeira
alien corporation
corpóreo material
corporeal
correção
correction
correio de resposta comercial
business reply mail
correio eletrônico
electronic mail (e-mail)
correio verbal *(computação)*
voice mail *(computer)*
correlação negativa
negative correlation
corrente atual
current
correr um risco
take a flier
**correspondência postal com aval
 de recebimento**
certified mail
correspondente
correspondent
correspondente hipotecário
mortgage correspondent
corretagem
brokerage, discount broker
corretagem de valores
stock jobbing
corretor
broker, commercial broker, listing
 agent, listing broker
corretor de bolsa de valores
stockbroker
corretor de mercadorias
merchandise broker
corretor de pleno serviço
full-service broker
corretor de prêmios
prize broker
**corretor de títulos de
 crédito**
bond broker
corretor de valores
commission broker
corretor de vendas
selling broker
corretor hipotecário
mortgage broker
corretor imobiliário
Realtor
corretor residencial
residential broker
cortar *(computação)*
crop *(computer)*
co-seguro seguro conjunto
coinsurance
cotação
quotation
cotação de fechamento
closing quote
cotação firme
firm quote
cotização mais alta
topping out
covariância
covariance
**CPU (unidade central de
 processamento)** *(computação)*
central processing unit (CPU)
 (computer)
crédito
credit

crédito alto
high credit
crédito ao comércio varejista
retail credit
crédito comercial
trade credit
crédito de energia
residential energy credit
crédito de pagamento constante
constant-payment loan
crédito diferido
deferred credit
crédito especial
revolving credit
crédito fiscal
tax credit
Crédito Hipotecário da Administração Federal de Habitação
FHA mortgage loan
crédito por aposentadoria diferida
deferred retirement credit
crédito por consumo de capital
capital consumption allowance
crédito por cuidado de crianças e dependentes
child and dependent care credit
credor
creditor, lender
credor hipotecário
mortgagee
credor titular
obligee
crescimento demográfico zero
zero population growth (ZPG)
crescimento desequilibrado
unbalanced growth
crescimento econômico
economic growth
crescimento econômico zero
zero economic growth
crescimento horizontal
horizontal expansion
criação de trabalho
make-work
criado
menial

criar trabalho
featherbedding
criptografia
encryption
cronograma
timetable
cumprimento
fulfillment
cupom a longo prazo
long coupon
cupom separado
strip
curador
custodian
curso normal de negócios
ordinary course of business
cursor do mouse *(computação)*
cursor *(computer)*
curva da demanda
demand schedule
curva de custo marginal
marginal cost curve
curva de oferta atípica
backward-bending supply curve
curva de Phillips
Phillips' curve
curva de possibilidade de produção
production-possibility curve
curva de procura
demand curve
curva de rendimento positiva
positive yield curve
curva de rentabilidade
yield curve
curva de rentabilidade invertida
inverted yield curve
curva descendente
downturn
curva em J
J-curve
custeio direto
direct costing
custo
cost
custo conjunto do produto
joint product cost
custo corrente
current cost

custo da mão-de-obra
unit-labor cost
custo das mercadorias fabricadas
cost of goods manufactured
custo das mercadorias vendidas
cost of goods sold
custo de aquisição
acquisition cost
custo de capital
cost of capital
custo de carregamento
cost of carry
custo de conversão
conversion cost
custo de fabricação
manufacturing cost
custo de falta
stockout cost
custo de fechamento
closing cost
custo de iniciação
origination fee
custo de lançamento ou emissão de títulos no mercado
flotation (floatation) cost
custo de oportunidade
opportunity cost
custo de reposição
replacement cost
custo de reprodução
reproduction cost
custo depreciado
depreciated cost
custo direto
direct cost
custo discricionário custo arbitrário
discretionary cost
custo do período
period cost
custo dos negócios
transaction cost
custo externo
off-site cost
custo fixo
fixed cost
custo fixo médio
average fixed cost
custo histórico
historical cost
custo imputado
imputed cost
custo indireto
indirect cost
custo líquido
net cost
custo marginal
marginal cost
custo médio
average cost
custo não vencido
unexpired cost
custo organizacional
organization cost
custo original ou histórico
original cost
custo padrão
standard cost
custo por serviço passado
prior service cost
custo privado
private cost
custo real
actual cost
custo variável
variable cost
custo-benefício
cost-effectiveness
custódia
custody
custódia
safekeeping
custos controláveis
controllable costs
custos semivariáveis
semivariable costs
custos superiores às receitas
cost overrun
custoso
pricey

D

dação em pagamento
accord and satisfaction
dado demográfico
demographics
dados
data
dados brutos
raw data
dados de rodapé
(computação)
footnote *(computer)*
dados seriais temporários
time series data
danificada
(computação)
corrupted *(computer)*
dano deliberado
malicious mischief
dano irreparável
irreparable harm,
irreparable damage
danos
damages
danos apurados
liquidated damages
danos e perdas efetivos
actual damages
danos incidentais
incidental damages
danos por demissão
severance damages
danos punitivos
punitive damages
dar lance superior
outbid
data da transação
trade date
data de desconto
off-sale date
data de emissão
date of issue
data de encerramento
closing date
data de entrega
delivery date
data de liquidação
settlement date
data de oferta
offering date
data de pagamento
payment date
data de registro
date of record
data de vencimento
effective date
data de venda
on-sale date
data do vencimento
maturity date
data limite ostensiva
open dating
data no fim do mês
EOM dating
data valor
value date
datação
dating
de baixa qualidade
low-grade
de baixa tecnologia
low-tech
de balcão
over the counter (OYC)
de especulação
on speculation
(on spec)
de grande demanda
blockbusting
de reserva
standby *(computer)*
debênture
debenture
débito
debit
débito efetivo
effective debt

débito hipotecário
mortgage debt
débito nacional bruto
gross national debt
debito não decorrente
nonrecurring charge
débito per cápita
per-capita debt
decadência negligência
laches
decisão judicial
adjudication, holding
declaração a priori
a priori statement
declaração de fideicomisso
declaration of trust
declaração de impacto ambiental
environmental impact statement (EIS)
declaração de imposto
tax return
declaração de imposto corrigida
amended tax return
declaração de imposto de renda
income tax return
declaração de imposto de renda consolidada
consolidated tax return
declaração de imposto de renda estimado
declaration of estimated tax
declaração de lucros retidos
retained earnings statement
declaração de procuração
proxy statement
declaração de renda conjunta
joint return
declaração de renda fixa
fixed income statement
declaração de rendimentos
income statement
declaração do capital dos sócios
statement of partners' capital
declaração interina
interim statement
declaração juramentada
affidavit

declaração
statement
declaração petição inicial termo legal
declaration
declarar tornar manifesto ou claro
declare
decolar
takeoff
decreto interlocutório
interlocutory decree
decurso de tempo
lapse
dedicação
dedication
dedicado ao ouro
goldbug
dedução
deduction
dedução da folha de pagamento
payroll deduction
dedução das contribuições dos empregados
deductibility of employee contributions
dedução sindical automática
automatic checkoff
deduções detalhadas
itemized deductions
dedutível do imposto
tax deductible
defeito de títulos
title defect
defeituoso
defective
defesa contra terceiros
interpleader
defesa de litígio contra o assegurado
defense of suit against insured
deficiência insuficiência
deficiency
déficit
shortfall
déficit da balança comercial
trade deficit
déficit federal
federal deficit

déficitfalta prejuízo
deficit
definição da imagem *(computação)*
image definition *(computer)*
definição de célula *(computação)*
cell definition *(computer)*
deflação
deflation
deflacionador deflator
deflator
delinqüência
delinquency
demanda
demand
demanda cíclica
cyclical demand
demanda de mercado
market demand
demanda global
aggregate demand
demanda primária
primary demand
demarketing
demarketing
demissão
dismissal
demissão disciplinar
disciplinary layoff
demolição destruição
demolition
demonstração de rendimentos
earnings report
demonstração financeira de pessoa física
personal financial statement
demonstração financeira projetada
projected (pro forma) financial statement
demonstrações contábeis
reporting currency
demonstrações financeiras comparativas
comparative financial statements
demonstrativo de lucros e perdas
profit and loss statement (P&L)
denominação
denomination

densidade
density
denúncia a contrato de locação
notice to quit
departamento
department
departamento de investigação
research department
departamento de pessoal
personnel department
departamento de relações de investidores
investor relations department
departamento de serviços
service department
departamento fiduciário
bank trust department
dependente
dependent
depoimento
deposition
depositário
bailee, receiver
depósito
deposit, store
depósito a prazo fixo depósito de poupança
time deposit
depósito à vista
demand deposit
depósito de boa-fé
good-faith deposit
depósito em garantia
security deposit
depósito em trânsito
deposit in transit
depósito não reembolsável
nonrefundable fee or nonrefundable deposit
depreciação acelerada
accelerated depreciation
depreciação acumulada
accumulated depreciation
depreciação adicional (no primeiro ano) (imposto)
additional first-year depreciation (tax)

depreciação corrigível
curable depreciation
depreciação de ativos por classe
asset depreciation range (ADR)
depreciação do primeiro ano
first-year depreciation
depreciação econômica
economic depreciation
depreciação irreparável
incurable depreciation
depreciação amortização desvalorização
depreciation
depreciar
depreciate
depressão
depression, slump, trough
depurar *(computação)*
debug *(computer)*
derrogar
override
desapossar
dispossess
descarregando
unloading
descendente
downscale
descentralização
decentralization
descobrimento
discovery
descongelar
unfreeze
descontinuidade de plano
discontinuance of plan
desconto
discount
desconto baseado em volume
volume discount
desconto da primeira emissão de ações
original issue discount (OID)
desconto de debêntures ou bônus
bond discount
desconto hipotecário
mortgage discount
desconto na fonte
withholding

desconto não realizado
unearned discount
desconto padrão
standard deduction
desconto para pronto pagamento
cash discount
desconto pelo volume das mercadorias
volume merchandise allowance
desconto por exibição de magazine
retail display allowance
desconto por quantidade
quantity discount
desconto segundo as notícias
discounting the news
desconto vertical
vertical discount
descrição
description
descrição de função
job description
desdobramento
spin-off
deseconomias de aglomeração
agglomeration diseconomies
desembargado
free and clear
desembolso
disbursement
desembolso de caixa
cash disbursement
desempenho
performance
desempenho da organização
organizational behaviour
desemprego
unemployment
desemprego por fricção
frictional unemployment
desemprego cíclico
cyclical unemployment
desemprego involuntário
involuntary unemployment
desemprego tecnológico
technological unemployment
desencriptação
(computação)

decryption *(computer)*
desenho do pacote
package design
desenvolvimento
development
desenvolvimento de marca
brand development
desenvolvimento de terrenos
land development
desenvolvimento organizacional
organization development
desestatização
deregulation
desfalque
embezzlement
desfalque por compensação sucessiva de cobranças
lapping
desfalque
defalcation
desgaste
burnout
desgaste normal
normal wear and tear
designação especial
special assignment
desindustrialização
deindustrialization
desinflação
disinflation
desintermediação
disintermediation
desinvestimento
divestiture
desligar *(computação)*
power down, shut down, turn off *(computer)*
desmoldagem
shakeout
desmonetização
demonetization
desmoralizar
demoralize
desocupar
vacate
despachador
dispatcher

desperdício
waste
despesa acumulada reservada
appropriated expenditure
despesa administrativa
administrative expense
despesa antecipada
prepaid expense
despesa fixa
fixed charge
despesa geral
general expense
despesa nacional bruta
gross national expenditure
despesa não operacional
nonoperating expense (revenue)
despesas de juros por investimento
investment interest expense
despesas de negócios ordinários e necessários
ordinary and necessary business expense
despesas deficitárias
deficit spending
despesas diretas de fabricação
direct overhead
despesas do exercício
period expense
despesas gerais de fábrica
factory overhead
despesas gerais de fabricação
overhead
despesas gerais indiretas
indirect overhead
despesas gerais sub-aplicadas
underapplied overhead
despesas incrementais
incremental spending
despesas indiretas aplicadas
applied overhead
despesas operacionais
operating expense
desvalorização
devaluation
desvio padrão
standard deviation
detector de embusteiros
shark watcher

determinação de receita média
income averaging
devedor
debtor, obligor
devedor hipotecário
mortgagor
devolução média
mean return
devolução
return
dia de pagamento
payday
dia útil
business day
diagrama de árvore
tree diagram
diagrama de dispersão
scatter diagram
**diagrama lógico
 (computação)**
logic diagram *(computer)*
diário
diary
diário de vendas
sales journal
diário geral
general journal
diário
journal
difamação escrita
libel
difamação verbal
slander
diferença de rendimento
yield spread
diferença permanente
permanent difference
**diferimento contábil de imposto de
 renda**
interperiod income tax allocation
dígito de verificação
check digit
dígitos suprimidos
digits deleted
diluição
dilution
diminuição
degression

diminuição
shrinkage
dinheiro
money
dinheiro alheio
other people's money
dinheiro bom
good money
dinheiro em espécie
cash
dinheiro escasso
tight money
dinheiro macio
soft money
dinheiro não conversível
inconvertible money
dinheiro novo
new money
dinheiro reservado
hush money
diplomacia
diplomacy
direito
duty
direito à privacidade
privacy laws
direito adjetivo
adjective law
direito administrativo
administrative law
direito civil
civil law
direito comercial
commercial law
direito comercial
mercantile law
direito comum
common law
direito de acesso
access right
direito de comutação
commutation right
direito de devolução
right of return
direito de passagem
right-of-way
direito de preferência na compra
right of first refusal

direito de procuração
proxy right
direito de propriedade
property rights
direito de remição hipotecária
equity of redemption
direito de rescisão
right of rescission
direito de resgate
right of redemption
direito de retenção pela empresa transportadora
carrier's lien
direito de retenção pelo vendedor
vendor's lien
direito de retenção ônus geral
general lien
direito de reversão dos bens ao patrimônio do doador
reversionary interest
direito de subscrição
subscription right
direito de usufruir de áreas comuns
estovers
direito de voto
voting right
direito deferido
vested interest
direito internacional
international law
direito prioritário de subscrever ações
preemptive rights
direito real de garantia
security interest
direito sobre o subsolo
mineral rights
direito subjetivo
legal right
direito usufrutuário
usufructuary right
direito vitalício sobre bem
life estate
direitos aéreos
air rights
direitos autorais
copyright
direitos de avaliação independente
appraisal rights
direitos de transferência
transfer development rights
direitos de usucapientes
squatter's rights
direitos especiais de saque
special drawing rights (SDR)
diretor
director
diretor de markenting
marketing director
diretor de marketing
merchandising director
diretor de sucursal
branch office manager
diretor externo
outside director
diretor financeiro principal
Chief Financial Officer (CFO)
diretor geral
Chief Executive Officer (CEO)
diretoria formada pelas mesmas pessoas que dirigem várias empresas do mesmo grupo
interlocking directorate
diretoria direçãoconselho de administração
board of directors
discagem digital aleatória
random-digit dialing
disco
disk *(computer)*
disco duro *(computação)*
hard drive *(computer)*
disco rígido *(computação)*
hard disk *(computer)*
discrepância
discrepancy
discrição
discretion
discriminação
discrimination
discriminação por idade
age discrimination
diseconomias
diseconomies

dispêndio
expense
dispêndio de capital
capital expenditure
dispensa
waiver, lay off
dispositivo de entrada e saída *(computação)*
input-output device *(computer)*
dispositivo que proíbe greves
no-strike clause
dissolução
dissolution
distribuição aberta
open distribution
distribuição de rendas gerais
general revenue sharing
distribuição eqüitativa
equitable distribution
distribuição global
lumpsum distribution
distribuição parcial
limited distribution
distribuição primária
primary distribution
distribuição secundária
secondary distribution
distribuição seletiva
selective distribution
distribuição partilha rateio
distribution
distribuidor
distributor
distrito residencial
residential district
divergente
snowballing
diversificação
diversification
dívida a curto prazo
short-term debt
dívida a longo prazo
long-term debt
dívida de curto prazo convertida para longo prazo
funded debt
dívida flutuante
floating debt
dívida garantida
secured debt
dívida incobrável
bad debt
dívida liquidada
liquidated debt
dívida privilegiada
senior debt
dívida sem cobertura sem garantia
unsecured debt
dívida subjacente
underlying debt
dívida subordinada
subordinate debt
dívida débito obrigação
debt
dividendo do final de um exercício
year-end dividend
dividendo e desconto outorgado à clientela
patronage dividend and rebate
dividendo extra
extra dividend
dividendo ilegal
illegal dividend
dividendo não pago
unpaid dividend
dividendo omitido
omitted dividend
dividendo pago
liquidation dividend
dividendo preferencial
preferred dividend
dividendo
dividend
dividendos a pagar
dividends payable
dividendos acumulados
accumulated dividend
dividendos cumulativos
cumulative dividend
dividendos em dinheiro
cash dividend
dividendos extraordinários
extraordinary dividends

dividendos não disponíveis
dividend exclusion
dividendos pagos com passivos
liability dividend
dividir
split
divisão da comissão
split commission
divisão de rendas
income splitting
divisão de trabalho
job sharing
divisão do trabalho
division of labor
divisão
apportionment
divisas
metes and bounds
doação
endowment
doação vencida
matured endowment
doador outorgante
donor
documentação
documentation
documentação de transporte
instrumentalities of transportation
documentação inábil
defective title
documentação ruim
bad title
documento negociável
commercial paper

documentos externos
external documents
dois por cento
two percent rule
dois tachos
double-dipping
dólar forte
hard dollars
dólares atuais
current dollars
dólares constantes
constant dollars
domicílio
domicile
domínio absoluto
fee simple absolute
domínio absoluto sobre a propriedade
freehold (estate)
domínio público
public domain
domínio simples
fee simple
dote
dowry
dupla taxação
double taxation
duplicação de benefícios
duplication of benefits
duplicata
trade acceptance
duração do acesso
access time
dúvida a respeito da qualidade do título
cloud on title

E

econometria
econometrics
economia
economy
economia aberta
open economy
economia aplicada
applied economics
economia de controle
command economy
economia de mercado
market economy
economia de mercado livre
pure-market economy
economia de oferta
supply-side economics
economia de serviços
service economy
economia dirigida
controlled economy, managed economy
economia fechada
closed economy
economia informal
underground economy
economia madura em crescimento
mature economy
economia mista
mixed economy
economia neoclássica
neoclassical economics
economia normativa
normative economics
economia planejada
planned economy
economia tradicional
traditional economy
economias de escala
economies of scale
econômico
economic

economista
economist
ecrã inicial *(computação)*
start-up screen *(computer)*
editar *(computação)*
edit *(computer)*
editoração eletrônica
desktop publishing
educação continuada
continuing education
efeito de deslocamento
crowding out
efeito de substituição
substitution effect
efeito fiscal
tax impact
efeito halo
halo effect
efeito renda
income effect
efetuar
workout
eficiência
efficiency
eficiência marginal de capital
marginal efficiency of capital
ejetar *(computação)*
eject *(computer)*
elasticidade do preço
price elasticity
eleger
elect
eleição alternada
staggered election
elemento de poupanças
savings element
elemento pixel/de imagem *(computação)*
pixel/picture element *(computer)*
elementos comuns
common elements

eliminar *(computação)*
purge *(computer)*
em funcionamento
turnkey
em linha *(computação)*
on-line *(computer)*
em pedido
on order
emancipação
emancipation
embalagem falsa enganosa
deceptive packaging
embalagem plástica
blister packaging
embargar
garnish
embargo
embargo
embargo de bens
attachment
embargo de bens de terceiros
garnishment
embarque com reservas
foul bill of landing
embarque direto
drop-shipping
emendar
amend
emissão
issue
emissão de qualidade
seasoned issue
emissão excessiva
overissue
emissão nova
hot issue
emissão pré-vendida
presold issue
emissão subordinada
junior issue
emissor
issuer
emitente
maker
emitidas e em circulação
issued and outstanding
emitir
draw

emolumento
perquisite (perk)
emolumentos executivos
executive perquisites
empreendimento arriscado
venture
empregado à prova
probationary employee
empregado público
public employee
empregado que recebe
receiving clerk
empregado
employee
empregador
employer
empregador com igualdade de oportunidades
equal opportunity employer
empregador múltiplo
multiemployer
emprego
job
emprego estrutural
structural employment
emprego no primeiro nível
entry-level job
empreiteiro
jobber
empresa
concern, enterprise
empresa com passivo financeiro elevado
leveraged company
empresa de crédito hipotecário
mortgage banker
empresa de elevado potencial em inicio de atividade
start-up
empresa de expedição
forwarding company
empresa de transportes públicos
common carrier
empresa diversificada
diversified company
empresa dormente
sleeping beauty

empresa fantasma
shell corporation
EmpresaFederal Americana de Seguro de Depósitos
Federal Deposit Insurance Corporation (FDIC)
empresa morta
defunct company
empresa multinacional
multinational corporation (MNC)
empresa nacional sociedade nacional
domestic corporation
empresa não associada
nonmember firm
empresa transportadora
carrier
empresário
entrepreneur
empréstimo
loan
empréstimo a prazo fixo
term loan
empréstimo a taxa fixa
fixed-rate loan
empréstimo com garantia hipotecária ajustável
adjustable mortgage loan (AML)
empréstimo com juros
interest-only loan
empréstimo consolidado
consolidation loan
empréstimo de participação
participation loan
empréstimo de reboque
piggyback loan
empréstimo de recursos
recourse loan
empréstimo de valores
securities loan
empréstimo diferencial
gap loan
empréstimo em aberto
demand loan
empréstimo entre bancos
commercial loan
empréstimo fixo
standby loan

empréstimo mais valorizado
crown loan
empréstimo mínimo
floor loan
empréstimo não produtivo
nonproductive loan
empréstimo para construção
construction loan
empréstimo reajustável
empréstimo indexado
indexed loan
empréstimo renovável
rollover loan
empréstimo sazonal
seasoned loan
empréstimo total
whole loan
empréstimo linha de crédito
facility
encaixe
docking
encargo de financiamento
finance charge
encerramento fechamento
closing
enclavado
landlocked
encontro de vontades
meeting of the minds
endosso
endorsement or indorsement
endosso de cobertura ampliada
extended coverage endorsement
endosso de uma exclusão da folha de pagamento ordinária
ordinary payroll exclusion endorsement
endosso inflacionário
inflation endorsement
endosso qualificado
qualified endorsement
enfermidade profissional
occupational disease
enfiteuse
tenure
enfoque de custos
cost approach

enfoque em rendas
income approach
engano erro
mistake
engenharia de qualidade
quality engineering
engenheiro industrial
industrial engineer
enobrecimento
gentrification
entidade
entity
entrada *(computação)*
input *(computer)*
entrada de pedido
order entry
entrada em dinheiro
downpayment
entrega parcial
partial delivery
entrega regular de títulos negociados
regular-way delivery (and settlement)
entrega fornecimento tradição
delivery
entregador de material de construção
material man
entregar
convey
entretenimento
gaming
entrevista de saída
exit interview
entrevista desestruturada
unstructured interview
entrevista em profundidade
depth interview
entrevista estruturada
structured interview
entrevista
interview
equação contábil
accounting equation
equidade
equity, chancery
equilíbrio
equilibrium

equilíbrio de mercado
market equilibrium
equilíbrio salarial
wage stabilization
equipamento
equipment
equipe da empresa
venture team
equipe de transporte
rolling stock
eqüitativo
equitable
equivalência de rendimento
yield equivalence
erro
error
erro administrativo
clerical error
erro bilateral
bilateral mistake
erro compensatório
compensating error
erro contábil
accounting error
erro de apresentação
mismanagement
erro de direito
mistake of law
erro de escrita *(computação)*
write error *(computer)*
erro fatal *(computação)*
fatal error *(computer)*
erro legal
legal wrong
esbulho possessório
tenancy at sufferance
escala
scalage
escala *(computação)*
scale *(computer)*
escala de cinza *(computação)*
gray scale *(computer)*
escala de intervalos
interval scale
escala de proporção
ratio scale
escala fixa
flat scale

escala nominal
nominal scale
escala ordinal
ordinal scale
escala salarial
wage bracket, wage scale
escalonamento
scheduling
escassez raridade
scarcity
esconderijo de bens preciosos
cache
escore Z
z score
escotilha *(computação)*
hatch *(computer)*
escritor
writer
escritório autorizado para comprar
resident buying office
escritório principal
front office
escritura
deed
escritura de fideicomisso
deed of trust
escritura do curador
guardian deed
escritura em vez de penhora de uma hipoteca
deed in lieu of foreclosure
escritura não registrada
unrecorded deed
escritura pública
charter
escritura contrato multilateral
indenture
escrivaninha balcão
desk
escrutínio não requerido
cold canvass
escusável justificável
exculpatory
esgotamento das reservas
draining reserves
esgotamento industrial
industrial fatigue

especialista
specialist
especialista na solução de problemas
troubleshooter
especialização horizontal
horizontal specialization
especialização vertical
vertical specialization
especificação
specification
especulação predatória
risk arbitrage
especulador
raider
especulador altista
bull
espionagem
espionage
espiral inflacionista
inflationary spiral
esquema modelo pronto desenho
blueprint
estabelecer fundo
appropriate
estabelecimento de família
mom and pop store
estabelecimento de fins
goal setting
estabilização
stabilization
estabilização de preços
price stabilization
estabilizador *(computação)*
surge protector *(computer)*
estabilizador (fiscal) automático
automatic (fiscal) stabilizers
estabilizador incorporado
built-in stabilizer
estação de encaixe *(computação)*
docking station *(computer)*
estação de trabalho
work station
estações transmissoras de rede local *(computação)*
LAN (local area network) *(computer)*
estado
status

estado de pago
paid status
estado do bem-estar social
welfare state
estado financeiro autorizado
certified financial statement
estagnação
stagnation
estar de greve
hit the bricks
estática
static analysis
estatística
statistic, statistics
estatística descritiva
descriptive statistics
estatística F
f statistic
estatística T
T statistic
estatística teste
test statistic
estatisticamente importante
statistically significant
**estatísticas não
  paramétricas**
nonparametric statistics
estatutos
bylaws
estilo administrativo
management style
estimador
estimator
estimativa
estimate
**estimulação da economia no
  governo**
pump priming
estipêndio
stipend stipendiary
estipulação
stipulation
estocástico
stochastic
estoque final
closing inventory
estoque morto
dead stock
estoque regulador
buffer stock
estoque
stock
estorno
reversing entry, reversal
estratégia
strategy
estratégia competitiva
competitive strategy
estratégia contra embusteiros
shark repellent
estratégia de investimentos
investment strategy
estratégia de maximização
milking strategy
estratégia de segmentação
segmentation strategy
estratégia diferencial
differentiation strategy
estrutura
structure
estrutura complexa de capital
complex capital structure
estrutura da organização
organization structure
**estrutura de administração
  vertical**
vertical management structure
estrutura de capital
capital structure
estrutura empresarial
corporate structure
estrutura financeira
financial structure
estrutura histórica
historical structure
estruturas acessórias
appurtenant structures
**estudo de
  micromovimento**
micromotion study
estudo de movimento
motion study
estudo de viabilidade
feasibility study
ética
ethics

ética empresarial
business ethics
ético
ethical
euro
euro
evento aberto
open house
evento futuro
subsequent event
eventos inconexos
disjoint events
evicção construtiva
constructive eviction
evicção parcial
partial eviction
evicção real
actual eviction
evicção retaliatória
retaliatory eviction
evicção
eviction
exame
survey
exame físico
physical examination
exame médico
medical examination
exaurimento
depletion
exaustão acumulada
accumulated depletion
excedente
overage, overhang
excedente (faltante)
over (short)
excedente comercial
trade surplus
excessivo
overkill
excesso
glut
excesso de atividade
overtrading
excesso de capital
capital surplus
exclusão
exclusion
exclusão de riscos comerciais
business risk exclusion
exclusões
exclusions
execução
execution
execução específica
specific performance
execução fiscal
tax foreclosure
execução hipotecária ou pignoratícia
foreclosure
executado
executed, judgment debtor
executar
execute
executivo
executive
executivo de conta
account executive
executivo operacional principal
Chief Operating Officer (COO)
exeqüente
judgment creditor
exercício
exercise
exercício da opção de venda
put to seller
exercício financeiro exercício contábil
accounting period
exercício no trabalho
on-the-job training (OJT)
exibição comercial
trade show
exigencias para o registro na Bolsa
listing requirements
ex-legal
ex-legal
exoneração de responsabilidade
disclaimer
expansão
expansion
expansão diagonal
diagonal expansion

expansão interna
internal expansion
expectativa de vida
life expectancy
expedição
consignment
exploração
exploitation
exportação
export
exposição vulnerabilidade
exposure
expresso
express
extensão
extension
extensão da linha
line extension
extensão da marca
brand extension

extensão de arquivo *(computação)*
file extension *(computer)*
extensão amplitude *(computação)*
range *(computer)*
exterior ao balanço
off the balance sheet
extinção
expiration
extinção de um tipo de moeda
remonetization
extorsão
racket
extra-contábil
off the books
extrapolação
extrapolation
extrato de conta
account statement

F

fábrica de montagem
assembly plant
fábrica
plant
fabricador fabricante
fabricator
facilitação de crédito
easy money
facsímile fax telefax
facsimile
faixa tributária
tax bracket
falência
bankruptcy, receivership
falência voluntária
voluntary bankruptcy
falsas declarações
fraudulent misrepresentation
falso
counterfeit
falta de entrega
fail to deliver
falta de estoques (diminuição)
inventory shortage (shrinkage)
falta de habilidades
skill obsolescence
falta de recebimento
fail to receive
fascismo
fascism
fato relevante
material fact
fator de anuidade
annuity factor
fator de anuidade inwood
inwood annuity factor
fator de conversão para contribuições do empregado
conversion factor for employee contributions

fator de desgaste
wearout factor
fator limitativo
constraining factor
fator limitativo
limiting factor
fator reversível
reversionary factor
fatores humanos
human factors
fatorial
factorial
fatura
invoice
faturamento bruto
gross billing
faturamento diferido
deferred billing
favoritos *(computação)*
bookmark *(computer)*
fechamento de capital
going private
fechamento
shutdown
ferramenta de desenho *(computação)*
draw tool *(computer)*
fiador
guarantor
fiança de licitação
bid bond
fiança geral comercial
commercial blanket bond
fiança
guaranty
fibra ótica *(computação)*
optical fiber *(computer)*
fideicomisso
testamentary trust
fideicomisso discricionário
discricionary trust

fideicomisso do outorgante
grantor trust
fideicomisso estrangeiro
complex trust
fideicomisso imobiliário
real estate investment trust (REIT)
fideicomisso instituído em benefício de pródigo
spendthrift trust
fideicomisso involuntário
involuntary trust
fideicomisso irrevogável
irrevocable trust
fideicomisso não discricionário
nondiscretionary trust
fideicomisso por exploração
royalty trust
fideicomisso simples
simple trust
fideicomisso sobre bem imóvel
land trust
fideicomisso vitalício
living trust
fideicomisso
trust
fideicomitente
settlor, trustor
fiduciário
Fiduciary, nominee, trustee
fila *(computação)*
queue *(computer)*
filial de cadeia de lojas
chain store
filtrar
filtering down
filtro de ecrã *(computação)*
screen filter *(computer)*
fim do mês
end of month
final de ano
year-end
financiamento
financing
financiamento criativo
creative financing
financiamento das existencias
inventory financing
financiamento de contas a receber
accounts receivable financing
financiamento de déficit
deficit financing
financiamento interno
interim financing,
internal financing
financiamento permanente
permanent financing
financiamento
funding
firma
firm
fiscal
fiscal
fiscalista
fiscalist
fiscalização
inspection
fita
tape
fixação
fixation
fixação de preços
price-fixing
fixação de tarifas
rate setting
fixo sem juros salário fixo
Flat
flexibilidade da oferta e procura
elasticity of supply and demand
flexibilidade unilateral
unitary elasticity
flutuante
deadhead
flutuar
float
fluxo de caixa antes do pagamento de impostos
before-tax cash flow
fluxo de caixa após impostos
after-tax cash flow
fluxo de caixa descontado
discounted cash flow

fluxo de caixa negativo
negative cash flow
fluxo de caixa
cash flow
fluxo de dados *(computação)*
information flow *(computer)*
fluxo de rendas
income stream
fluxo de rendas a prazo fixo
level-payment income stream
fluxo financeiro
flow of funds
fluxograma
flowchart
folha de balanço
balance sheet
folha de dados
personal data sheet
folha de pagamento
payroll
folha de trabalho
worksheet
folha do custo da tarefa
job cost sheet
folhas amarelas
yellow sheets
fonte *(computação)*
font *(computer)*
fora do preço
out of the money
força de trabalho
labor force
força tarefa
task force
forma curta
short form
formação de capital
capital formation
formação de equipes
team building
formação de grupo
syndication
formação de sociedade
incorporation
formato *(computação)*
format *(computer)*
formato da célula *(computação)*
cell format *(computer)*

formato da página *(computação)*
page format *(computer)*
formato de arquivo *(computação)*
file format *(computer)*
formato de imagem *(computação)*
picture format *(computer)*
formato de texto rico *(computação)*
rich text format (RTF) *(computer)*
formato vertical *(computação)*
upright format *(computer)*
formulário de lucros e comissões
profit and commissions form
formulário de propriedade
ownership form
formulários comerciais
commercial forms
formulários de localização múltiplo
multiple locations forms
fornecedor
supplier
fórum de bate-papo *(computação)*
chat forum *(computer)*
franco
frank
franquia concessão
franchise
fraude
fraud, goldbrick
fraude realizado pela correspondência
mail fraud
frente
frontage
freqüência
frequency
frete aéreo
air freight
frete motorizado
motor freight
fuga de capital
capital nature flight
fuga de dólares
dollar drain
função de consumo
consumption function
função de linha
line function

função ZOOM *(computação)*
zoom function *(computer)*
funcionário
clerk
fundo
bottom
fundo de ações comuns
common stock fund
fundo de capitalização
growth fund
fundo de contingências
contingency fund
fundo de eliminação
cleanup fund
fundo de investimento
investment trust, mutual fund
fundo de investimento estável
balanced mutual fund
fundo de investimento fechado
closed-end mutual fund
fundo de investimentos em ouro
gold mutual fund
fundo de pensão
pension fund
fundo de pensão
retirement fund
fundo de recuperação
recovery fund
fundo de reposição
replacement reserve
fundo de reserva
impound account, reserve fund, trust fund
fundo de tesouraria
money market fund
fundo fixo de caixa
imprest fund
fundo geral
general fund
fundo monetário internacional (FMI)
International Monetary Fund (IMF)
fundo mútuo
load fund
fundo rotatório
revolving fund
fundo sem identificação do detentor
blind trust
fundo trabalhista
labor pool
fundos de investimento imobiliário
equity REIT
fundos externos
external funds
fundos indexados
index fund
fundos não cobrados
uncollected funds
fundos
sources of funds
fusão
merger
fusão estatutária
statutory merger
fusão horizontal aquisição horizontal
horizontal merger
futuro financeiro índices financeiros futuros
financial future
futuros de moeda
currency futures
futuros
forward

G

ganho (perda) a longo prazo
long-term gain (loss)
ganho corrente
current yield
ganho inesperado
windfall profit
ganhos antes do imposto
pretax earnings
ganhos anuais
annual earnings
ganhos por ações (comuns) totalmente diluídas
fully diluted earnings per (common) share
garante
accommodation endorser maker or party
garantia
guarantee, warranty
garantia a curto prazo
short bond
garantia da licença
license bond
garantia de arbitragem
arbitrage bond
garantia de comercialização
warranty of merchantability
garantia de habitabilidade
warranty of habitability
garantia de licença
permit bond
garantia de manutenção
maintenance bond
garantia especial
special warranty deed
garantia fiduciária
fiduciary bond
garantia implícita
implied warranty
garantir
collateralize

generalista
generalist
geodemografia
geodemography
gerador de números aleatórios
random-number generator
gerência média
middle management
gerente de conta
account executive
gerente eficiente
one-minute manager
gerente administrador
manager
gestão de linha
line management
gestão de recursos humanos
human resources management (HRM)
gestão itinerante
management by walking around (MBWA)
gestão monitorizada
tight ship
gestão por exceção
management by exception
gestor de clientes
account executive
gestor de marca
brand manager
giro de cheques sem fundos
check-kiting
giro do capital
capital turnover
gleba
tract
gozo tranqüilo do bem
quiet enjoyment
gráfico aranha *(computação)*
spider chart *(computer)*
gráfico circular *(computação)*

pie chart/graph *(computer)*
gráfico de colunas *(computação)*
column chart/graph *(computer)*
gráfico de ponto *(computação)*
point chart *(computer)*
gráfico de tendências *(computação)*
trend chart *(computer)*
gráfico *(computação)*
graph *(computer)*
gráfico diagrama *(computação)*
chart *(computer)*
gráficos de colunas empilhadas *(computação)*
stacked column chart *(computer)*
grande jogada
killing
grande sucesso
blockbuster
gratificação intangível
intangible reward
gratificação
gratuity
gratificação
tip
grátis
gratis
gratuito
gratuitous
grau de investimento
investment grade
gravador de CD *(computação)*
CD-writer *(computer)*
gravame fiscal
tax lien
gravame hipotecário
mortgage lien
gravame involuntário
involuntary lien
gravame voluntário
voluntary lien
gravame subordinado ou secundário
junior lien
grelha de gestão
managerial grid
greve
strike, walkout
greve branca
sit-down strike
greve compreensiva
sympathetic strike
greve geral
general strike
greve ilegal
wildcat strike
greve patronal
lockout
grossista
wholesaler
grupo de desmembramento
split shift
grupo de fundos
family of funds
grupo de interesse
interest group
grupo de rendas
income group
grupo de trabalho
task group
grupo profissional
occupational group
guerra de preços
price war
guerra tarifária
tariff war
guia administrativa
management guide

H

habilidade manual
manual skill
habite-se
certificate of occupancy
hardware *(computação)*
hardware *(computer)*
hectare
hectare
herança
inheritance
herdar
inherit
herdeiros
heirs
herdeiros e cedentes
heirs and assigns
heterogêneo
heterogeneous
heurístico
heuristic
hiato inflacionista
inflationary gap
hierarquia
hierarchy
hiperinflação
hyperinflation
hiper-ligação *(computação)*
hyperlink *(computer)*
hipermercado
superstore
hipertexto
hypertext
hipoteca aberta
open mortgage
hipoteca coletiva
blanket mortgage
hipoteca com capital compartilhado
shared-equity mortgage
hipoteca com taxa de juros renegociável
renegotiated rate mortgage (RRM)

hipoteca com taxa de juros variável
variable-rate mortgage (VRM)
hipoteca convencional
conventional mortgage
hipoteca de auto-amortização
self-amortizing mortgage
hipoteca de lucros compartilhados
shared-appreciation mortgage (SAM)
hipoteca de pagamento flexível
flexible-payment mortgage (FPM)
hipoteca de pagamentos nivelada
level-payment mortgage
hipoteca de pagamentos progressivos
graduated payment mortgage (GPM)
hipoteca de propriedade arrendada
leasehold mortgage
hipoteca de recursos próprios crescente
growing-equity mortgage (GEM)
hipoteca de redução direta
direct-reduction mortgage
hipoteca garantida
guaranteed mortgage
hipoteca inversa de anuidades
reverse annuity mortgage (RAM)
hipoteca orçamentária
budget mortgage
hipoteca que inclui o mobiliário
package mortgage
hipoteca secundária
second lien or second mortgage
hipoteca securitizada
mortgage-backed security
hipoteca subjacente
underlying mortgage
hipoteca subordinada
junior mortgage
hipoteca única
closed-end mortgage

hipoteca penhor
mortgage
hipotecar
hypothecate
hipótese
hypothesis
hipótese alternativa
alternative hypothesis
história da carteira de valores
portfolio history
histórico da propriedade
abstract of title
homogêneo
homogeneous
honorário
service fee
honorário de posse
holding fee
honorário de reserva
standby fee

honorário
　pré-determinado
fixed fee
honorários
fee, honorarium
hora extra
overtime
hora limite
off time
hora-homem
man-hour
horário
schedule
horário reduzido
part-time
horários
　flexíveis
flextime
horas extras
double time

I

ícone
icon
idade atingida
attained age
idade de aposentadoria
retirement age
idade de aposentadoria múltiplo
multiple retirement ages
idade falsa
misstatement of age
idade regular de aposentadoria
normal retirement age
identificação específica
specific identification
identificação numérica dos computadores
internet protocol (IP) address
identificação para iniciar sessão
(computação)
login identification (login ID)
(computer)
identificador
tracer
idioma modelo
modeling language
Ilíquidos sem liquidez
illiquid
ilusão monetária
money illusion
imagem *(computação)*
image *(computer)*
imagem da marca
brand image
imagem pixel *(computação)*
pixel image *(computer)*
imóvel bem imóvel bem imobiliário
real estate
impasse
impasse
imperialismo
imperialism
imperícia
malpractice
implícito
implied
importação
import
imposição
imposition
imposto
tax, levy
imposto adicional
add-on interest
imposto comutador
commuter tax
imposto de franquia
franchise tax
imposto de importação
customs
imposto de renda
income tax
imposto de renda negativo
negative income tax
imposto de transmissão "causa mortis"
estate tax,
inheritance tax
imposto de vendas
sales tax
imposto dentro do estado financeiro
intraperiod tax allocation
imposto estimado
estimated tax
imposto fixo (não progressivo)
flat tax
imposto geral sobre heranças e doações
unified estate and gift tax
imposto mínimo alternativo
alternative minimum tax

imposto predial ou territorial
property tax
imposto regressivo
regressive tax,
repressive tax
imposto retido na fonte
withholding tax
imposto sobre bens suntuosos
luxury tax
imposto sobre consumo
excise tax
imposto sobre doações
gift tax
imposto sobre folha de pagamento
payroll tax
imposto sobre lucros extraordinários
excess profits tax
imposto sobre o valor agregado
value-added tax
imposto sobre transferências
transfer tax
impostos a pagar
accrued taxes
impostos diferidos
tax deferred
impostos ocultos
hidden tax
impostos sobre lucros retidos ou lucros acumulados
accumulated earnings tax or accumulated profits
impressão duplex *(computação)*
duplex printing *(computer)*
impressão cópia impressa *(computação)*
printout *(computer)*
impressora *(computação)*
printer *(computer)*
impressora de linhas
line printer
imune aos efeitos da sentença
judgment proof
inadimplência
default
inadimplir
dishonor

inadvertentemente
inadvertently
Inativo *(computação)*
off-line *(computer)*
incapacidade
incapacity
incentivo a partir de uma punição
carrot and stick
incentivo de opção de compra de ações
incentive stock option (ISO)
incentivo de vendas
sales incentive
incentivo fiscal
tax incentive
incentivo por recrutamento
recruitment bonus
incentivo salarial
wage incentive
incentivo
kicker
incidência fiscal
tax incidence
incluindo a todos por completo
across the board
incobrável
uncollectible
incompatível
incompatible *(computer)*
incompetente
incompetent
incompleto
inchoate
incorporar-se
merge
incremento mensal de juros
monthly compounding of interest
incremento não realizado
unearned increment
incremento no salário por méritos
merit increase
indenização
indemnity
indenização (triplo) dobrada
double (treble) damages

indenização nominal
nominal damages
indenização por morte
death benefit
indenização total (limite global)
aggregate indemnity (aggregate limit)
indenizar
indemnify
independência
independence
indexação
indexation
indicador de ocorrência econômica
lagging indicator
indicador de tendências
bellwether
indicadores de posição social
status symbol
indicadores econômicos
economic indicators
índice
index
índice administrativo
management ratio
índice da ajuda *(computação)*
help index *(computer)*
índice de desenvolvimento de marca
brand development index (BDI)
índice de despesas
expense ratio
índice de endividamento
debt-to-equity ratio
índice de liquidez
liquidity ratio
índice de lucro bruto
gross profit ratio
índice de preços
price index
índice de preços ao consumidor
consumer price index (CPI)
índice de prestigio da marca
brand potential index (BPI)
índice de reservas
reserve requirement
índice do desenvolvimento do mercado
market development index
índice do grupo alvo
target group index (TGI)
índice do mercado
market index
índices de ações
stock index future
índices principais
leading indicators
indivisibilidade de juros
undivided interest
indivisibilidade de lucros
undivided profit
indústria caseira
cottage industry
indústria cíclica
cyclical industry
industria contaminadora
smokestack industry
indústria de termo final
sunset industry
indústria essencial
essential industry
indústria extrativa
extractive industry
indústria nascente
infant industry argument
indústria pesada
heavy industry
indústria regulamentada
regulated industry
indústria
industry
industrial
industrial
industrialista
industrialist
ineficiência no mercado
inefficiency in the market
inferencia estatística
inferential statistics
inferência estatística
statistical inference
inflação
inflation
inflação da demanda
demand-pull inflation
inflação de custos
cost-push inflation

inflação de dois dígitos
double-digit inflation
inflação estrutural
structural inflation
inflação galopante
galloping inflation
inflação lenta
creeping inflation
inflação ocultada
hidden inflation
inflação por subida de salários
wage-push inflation
influência da mídia
media weight
influencia excessiva na vontade de outra pessoa
undue influence
influencia pessoal
personal influence
informação privilegiada
inside information
informação privilegiada
nonpublic information
informador
stool pigeon
infração
breach
infra-estrutura
infrastructure
iniciador
originator
inicial
up front
inicial abertura
opening
iniciar atividades
open shop
iniciar sessão *(computação)*
log on *(computer)*
iniciativa
initiative
inovação
innovation
inquilinato
tenancy
instalação *(computação)*
installation *(computer)*
instalação contínua
faculty installation
instalações legadas
demised premises
instável
volatile
instigação nas vendas
puffing
instituição de poupanças
thrift institution
instituição fiduciária de depósitos
depository trust company (DTC)
instituição fiduciária
trust company
instituição financeira
financial institution
instrumentalidade
instrumentality
instrumento
instrument
instrumento fiduciário
trust deed
instrumento não negociável
nonnegotiable instrument
insuficiência única
unique impairment
insurgente
insurgent
integração de empresa de produção e distribuição
forward integration
integração horizontal
horizontal integration
integração pela via horizontal
horizontal channel integration
integração reversa
backward integration
integração vertical
vertical integration
integração vertical a montante
backward vertical integration
integridade
integrity
inteligência artificial
artificial intelligence (AI)
intenção de lucro
profit motive

intensa capitalização
capital intensive
intensividade de mão de obra
labor intensive
interativo *(computação)*
interactive *(computer)*
intercâmbio de valores e mercadorias
securities and commodities exchanges
intercâmbio isento de impostos
tax-free exchange
interconexão em rede
networking
interesse
interest
interesse pecuniário
beneficial interest
interface virtual *(computação)*
visual interface *(computer)*
interferência do empregador
employer interference
intermediação
intermediation
intermediação de compra
procurement
intermediário financeiro
financial intermediary
intermediário
go-between
intermediário mediador
intermediary
internet
internet
interno
in-house, insider
interpolação
interpolation
intérprete
interpreter
interrupção de negócios
business interruption
intervalo
gap
intervalo de confiança
confidence interval
intestado
intestate

invasão
encroachment
inventariar
taking inventory
inventário
inventory
inventário aberto
open stock
inventário contábil
book inventory
inventário de fabricação
manufacturing inventory
inventário físico
physical inventory
inventário perpétuo
perpetual inventory
investidor autorizado investidor confiável
accredited investor
investidor institucional
institutional investor
investidor passivo
passive investor
investidor social
socially conscious investor
investigação
research
investigação e desenvolvimento
research and development (R&D)
investigação intensiva
research intensive
investimento
investment
investimento cego
blind pool
investimento de capital
capital investment
investimento direto
direct investment
investimento direto estrangeiro
foreign direct investment
investimento em ações com perspectiva de aumento
growth stock
investimento estrangeiro
foreign investment

investimento garantido por lei
legal list
investimento legal
legal investment
investimentos altamente líquidos
cash equivalence
investir
invest
IRA auto-administrado
self-directed IRA
irrecuperável *(computação)*
unrecoverable *(computer)*
irrecuperável
irretrievable *(computer)*
irregulares
irregulars
irrevogável
irrevocable
isenção
exemption
isenção de imposto da propriedade familiar
homestead tax exemption
isonomia
equal protection of the laws
item extraordinário
extraordinary item
item monetário
monetary item
item não monetário
nonmonetary item
itens de preferência fiscal
tax preference item
iteração
iteration

J

janela *(computação)*
window *(computer)*
janela de aplicação *(computação)*
application window *(computer)*
janela de desconto
discount window
jogo de empresa
management game
jogos de soma zero
zero-sum game
julgamento
judgment
júri
jury
jurisdição
jurisdiction
jurisprudência
jurisprudence
juro capitalizado
compound interest
juro imputado
imputed interest

juro pois fixado
variable interest rate
juro simples
exact interest
juros acumulados
accrued interest
juros de dividendos
interest on dividends
juros do proprietário
proprietary interest
juros não obtidos
unearned interest
juros pagos antecipadamente
prepaid interest
juros simples
ordinary interest, simple interest
justa compensação compensação legítima
just compensation
justificável
justifiable

L

lacuna legal
loophole
lançamento *(computação)*
pitch *(computer)*
lançamento *(computação)*
posting *(computer)*
lançamento de diário
journal entry
lançamento de retificação
adjusting entry
lançar no diário
journalize
lances crescentes
bidding up
latitude
latitude
lealdade à marca
brand loyalty
legado
bequest
legar um bem móvel
bequeath
legatário
legatee
legatário residual
remainderman
lei
law
lei criminal
statute of frauds
lei da oferta e da procura
law of supply and demand
lei de substituição
substitution law
lei de zoneamento municipal
zoning ordinance
lei do menor esforço
least-effort principle
lei dos custos crescentes
law of increasing costs
lei dos números grandes
law of large numbers

lei dos retornos decrescentes
law of diminishing returns
lei estatuto
statute
leilão holandês
Dutch auction
leilão praça hasta pública
auction or auction sale
leis antimonopólios
antitrust laws
leis de rotulagem
labeling laws
leis proibitivas
blue laws
leis sobre atividades que precisam de licenças
license law
lesão corporal
personal injury
lesão corporal ofensa à integridade física (P)
battery
lesões sem a intervenção de outros meios
injury independent of all other means
letra de câmbio
bill of exchange
letra maiúscula *(computação)*
upper case letter *(computer)*
letra minúscula *(computação)*
lower case character/letter *(computer)*
levantamento
withdrawal
levar vantagem
whipsaw
liberação parcial
partial release
liberdade econômica
economic freedom
liberdade para comprar
open-to-buy

licença
furlough, license
licença de uso condicional
conditional-use permit
licença de uso especial
special-use permit
licença para ausentar-se do trabalho
leave of absence
licenciado concessionário
licensee
líder de opinião
opinion leader
líder informal
informal leader
líder
leader
liderança participativa
participative leadership
ligar *(computação)*
power up, turn on *(computer)*
ligar conectar relacionar
interface
limite da propriedade
property line
limite de comercio diário
daily trading limit
limite de flutuação
fluctuation limit
limite de prazo termo final prazo fatal
deadline
limite máximo
limit up
limite mínimo
limit down
limites
caps
limites básicos de responsabilidade
basic limits of liability
limites nas despesas do arrendatário
stop clause

limpo desonerado livre sem problemas
clean
linguagem de programação *(computação)*
programming language *(computer)*
linha bancária
bank line
linha de atenção
attention line
linha de crédito
line of credit
linha de lote
lot line
linha de montagem
assembly line
linha de parentesco
line
linha de produtos
product line
linha de regressão
regression line
linha de tendências
trend line
linha dedicada
dedicated line
linha municipal
building line
linhas secundárias
feeder lines
liquidação
clearance sale, liquidation, winding up
liquidar
liquidate
liquidar saldar uma conta baixar os preços movimento de vendas
sell-off
liquidez
liquidity, marketability
líquido
net
líquido bruto ajustado
adjusted gross income
lista aprovada
approved list
lista de ações sob vigilância
watch list

lista de não conformidades
punch list
lista de resultados
hit list
lista de tarefas *(computação)*
task list *(computer)*
lista negra
black list
listagem dos contribuintes
assessment role
litigante
litigant
litígio
litigation
livre de compromisso
commitment free
livre iniciativa
free enterprise
livro
ledger
livro auxiliar
subsidiary ledger
livro-caixa
cashbook
livro de cheques
check register
livro de contabilidade geral
general ledger
livro de entradas
receipt book
livro de pagamento à vista
cash payment journal
livro de planos
plat book
livro negro criativo
creative black book
lobistas pessoa que faz lobby
lobbyist
locação com opção de compra
lease with option to purchase
local
site
localização de venda total
one-hundred-percent location
locatário principal
prime tenant
logotipo
logo
loja
shop
loja de variedades bazar
variety store
loja especializada
specialty shop
loja múltipla
multiple shop
lote
plot
lote e bloco
lot and block
lote incompleto
broken lot
lote incompleto
odd lot
lote interno
inside lot
lote negociável de mercadorias
job lot
lote redondo
round lot
loteria
lottery
lucro
gain, profit, returns
lucro (perda) a recuperar
unrealized profit (loss)
lucro (perda) não realizado(a)
paper profit (loss)
lucro bruto
gross profit
lucro estimado
normal profit
lucro futuro
future interest
lucro líquido
net profit
lucro líquido por ação comum
net income per share of common stock
lucro não distribuído
retained earnings
lucro realizado
realized gain

lucro reconhecido
recognized gain
lucros auferidos
earned income
lucros restritos
restricted surplus

lucros retidos adequados
appropriated retained earnings
lugar aberto
open space
lugar de reunião
hangout

M

macro *(computação)*
macro *(computer)*
macroambiente
macroenvironment
macroeconomia
macroeconomics
magazine comercial
trade magazine
magnata
tycoon
maior venda
sell-in
mais-valia
capital gain
majoritário
majority
mala direta lista de endereços
mailing list
mandado
order, writ
mandado de citação
summons
mandato judicial
injuction
mandato procuração
mandate
manifesto
waybill
manipulação
manipulation
manipulação ilegal de valores
painting the tape
manual
manual
manual do usuário
user manual *(computer)*
manufatura
manufacture
manuseio de materiais
materials handling
manuseio especial
special handling

manutenção
upkeep
manutenção de dados *(computação)*
data maintenance *(computer)*
manutenção diferida
deferred maintenance
manutenção preventiva
preventive maintenance
manutenção
maintenance
mão de obra
work force
mão-de-obra direta
direct labor
mão-de-obra indireta
indirect labor
mapa
map
mapa de bits *(computação)*
bit map *(computer)*
mapa fiscal
tax map
maquinária
trade fixture
marca
brand
marca comercial
trading stamp
marca complementar
flanker brand
marca da loja
store brand
marca de uso
brand name
marca registrada
trademark
marco
landmark
margem
margin
margem da garantia de emissão
underwriting spread

margem de contribuição
contribution profit margin
margem de lucro
profit margin, spread
margem de lucro adicional
additional mark-on
margem de lucro líquido
net profit margin
margem de lucros
margin of profit
margem de segmento
segment margin
margem de segurança
margin of safety, safety margin
margem variável
(computação)
adjustable margin *(computer)*
margens
margins
Marxismo
marxism
máscara *(computação)*
mask *(computer)*
máscara de edição *(computação)*
input mask *(computer)*
material
material
**material de divulgação material
para a imprensa**
press kit
material direto
direct material
matéria-prima
raw material
matriz
matrix,
parent company
maximizar
maximize *(computer)*
M-CATS
M-CATS
**mecanismo de busca
*(computação)***
search engine *(computer)*
mecanização
mechanization
média aritmética
arithmetic mean

média geométrica
geometric mean
média móvel
moving average
média avaria
average
mediação
mediation
mediador
ombudsman
médio
medium
megabyte
megabyte
meia-vida
half-life
meio de troca
medium of exchange
meios de comunicação
media
meios de informação
mass media
melhor classificação
best rating
melhoramento
betterment
melhoramento em excesso
overimprovement
melhorar *(computação)*
upgrade *(computer)*
melhoria
upgrading, upswing
melhoria melhoramento
improvement
membros da base de um sindicato
rank and file
memorando
memorandum
memorando de débito
debit memorandum
memorando descritivo
descriptive memorandum
memória *(computação)*
memory *(computer)*
**memória de acesso aleatório
(RAM)** *(computação)*
random access memory (RAM)
(computer)

memória flash *(computação)*
flash memory *(computer)*
memória interna *(computação)*
internal memory *(computer)*
memória só de leitura
(computação)
ROM (read-only memory) *(computer)*
memória virtual *(computação)*
virtual memory *(computer)*
menor
minor
menos-valia
capital loss
mensagem de erro
(computação)
error message *(computer)*
menu do tipo drop-down
(computação)
drop-down menu *(computer)*
menu principal
main menu
menu principal *(computação)*
main menu *(computer)*
mercado
market
mercado secundário de hipoteca
secondary mortgage market
mercado a futuro
commodities futures
mercado à vista
cash market
mercado aberto
free market
mercado altista
bull market
mercado alvo
target market
mercado ativo
active market
mercado comprador
buyer's market
Mercado Comum Europeu
European Common Market
mercado de ações
stock market
mercado de balcão
third market
mercado de capitais
capital market
mercado de futuros
futures market
mercado de imóveis
real estate market
mercado de leilões
outcry market
mercado eficiente
efficient market
mercado em baixa
bear market
mercado financeiro
financial market, money market
mercado fraco
soft market, weak market
mercado genérico
generic market
mercado hipotecário secundário
second mortgage lending
mercado imperfeito
imperfect market
mercado livre e aberto
free and open market
Mercado Monetário Internacional (MMI)
International Monetary Market (IMM)
mercado morto
graveyard market
mercado muito competitivo
tight market
mercado negro
black market
mercado por teste
test market
mercado primário
primary market
mercado secundário
secondary market
mercado sensitivo
sensitive market
mercado subseqüente
after market
mercado vendedor
seller's market
mercadori
merchandise

mercadoria
ware
mercadoria de pronta entrega
spot commodity
mercadorias empacotadas
packaged goods
mercadorias entregues
physical commodity
mercadorias negociáveis
commodity
mercadorias reguladas
regulated commodities
mercadorias vendidas de forma
　fechada
closed stock
mercantil
mercantile
mercantilismo
mercantilism
mês de entrega imediata
spot delivery month
meta
goal
metade do tempo profissional
midcareer plateau
método ABC
ABC method
método de amortização direto
direct charge-off method
método de comparação de
　mercado
market comparison approach
método de contrato concluído
completed contract method
método de crescimento firme
steady-growth method
método de custo
cost method
método de depreciação linear
straight-line method of depreciation
método de despesas globais
overall expenses method
método de estoque de varejo
retail inventory method
método de estudo do caso
case-study method
método de inventário periódico
periodic inventory method

método de lucro bruto
gross profit method
método de manutenção
maintenance method
método de medição de tempo
methods-time measurement (MTM)
método de pagamento
payment method
método de parte competitiva
competitive party method
método de percentagem
percentage-of-completion method
método de percentagem de vendas
percentage-of-sales method
método de provisão
accrual method
método de saldo descrescente
diminishing-balance method
método de saldos decrescentes
declining-balance method
método de unidades de produção
units-of-production method
método do caminho crítico
critical path method (cpm)
método do valor monetário
dollar unit sampling (DUS)
métodos contábeis
accounting method
métrica
metrication
microeconomia
microeconomics
micro-investidor
small investor
migrar *(computação)*
migrate *(computer)*
milionário
millionaire
milionário em ações
millionaire on paper
minimizar *(computação)*
minimize *(computer)*
mistura
mix
mistura de produtos
product mix
mistura de promoções
promotion mix

mobilidade de mão-de-obra
labor mobility
moda
mode
modelagem
modeling
modelo de alta participação
high-involvement model
modelo de análise definido por Peter Drucker
key-area evaluation
modelo de decisão
decision model
modelo de participação menor
lower-involvement model
modelo projetado de investimentos
value line investment survey
modem interno *(computação)*
internal modem *(computer)*
modo operacional
(computação)
operation mode *(computer)*
modo sobrescrever
(computação)
type-over mode *(computer)*
modo texto-simples *(computação)*
plain text *(computer)*
modos opcionais de liquidação
optional modes of settlement
módulo *(computação)*
module *(computer)*
módulo básico *(computação)*
basic module *(computer)*
módulo SIMM
SIMM (single in-line memory module) *(computer)*
moeda
hard money
moeda constante
functional currency
moeda controlada
managed currency
moeda de curso legal
legal tender
moeda em circulação
money supply
moeda forte
hard currency
moeda fraca
soft currency
moeda sonante
hard cash
monetário
monetary
monetarista
monetarist
monopólio
monopoly
monopólio legal
legal monopoly, patent monopoly
monopólio natural
natural monopoly
monopólio perfeito
perfect (pure) monopoly
monopolista
monopolist
monopolizando o mercado
cornering the market
monopsônio
monopsony
montagem final
final assembly
monumento
monument
moral espírito de trabalho
morale
moratória
moratorium
moroso atrasado
delinquent
motivação
motivation
motivo de precaução
precautionary motive
mouse pad
(computação)
mouse pad *(computer)*
movimento
movement
mudança de critério contábil
accounting change
muito dinheiro
megabucks
multa sobre resgate antecipado
early withdrawal penalty

multa
penalty
multicolinearidade
multicollinearity
multicomprador
multibuyer
multidifusão *(computação)*
multicasting *(computer)*
multifunção *(computação)*
multifunction *(computer)*
multimídia
multimedia

multiplicador
multiplier
multiplicador de aluguel bruto
gross rent multiplier (GRM)
múltiplo
multiple
multi-usuário *(computação)*
multiuser *(computer)*
mutilação
truncation

N

nacionalização
nationalization
não colisão *(computação)*
nonglare *(computer)*
não cotada
not rated (NR)
não cumprimento
nonperformance
não dedutível das contribuições os empregadores
nondeductibility of employer contributions
não descontado
undiscounted
não produtivo
nonproductive
não recuperável
unrecovered cost
não reembolsável
nonrefundable
não resgatável
noncallable
navegação
(computação)
navigation *(computer)*
navio porta contentores
container ship
necessitado
pauper
negligência proporcional
comparative negligence
negligência
negligence
negociação
negotiation
negociação coletiva
collective bargaining
negociação imparcial
arm's length transaction
negociação individual
individual bargaining
negociações de empregadores múltiplos
multiemployer bargaining
negociador autorizado
bargaining agent
negociante comerciante
trader
negociante comerciante revendedor aquele que compra para vender
dealer
negociar
unwind a trade
negociável
negotiable
negócio perto
neighborhood store
nepotismo
nepotism
nicho posto
niche
nível de confiança
confidence level
nível de ocupação
occupancy level
nivelar
level out
nó
(computação)
node *(computer)*
nome civil
legal name
nome fantasia
doing business as (dba)
norma
norm
norma administrativa interna do juízo ou tribunal
standing order
norma de trabalho
master-servant rule

norma de venda de títulos mobiliários a descoberto
short-sale rule
normas de auditoria
auditing standards
normas sobre a utilização de terrenos
land-use regulation
nota antecipada de lucros
revenue anticipation note (RAN)
nota de encomendado
order form
nota promissória
note, promissory note
nota promissória à vista
demand note
notário
registrar
notas de demonstração financeira
footnote

notificação de deficiência
deficiency letter
notificação de extinção
expiration notice
notificação de greve
strike notice
notificação estatutária
statutory notice
notificação legal
legal notice
nova emissão
new issue
novação
novation
número de juro fixo
fixed-point number
número de pedido
order number
número em ponto flutuante
floating-point number

O

o tempo é a essência
time is the essence
obediente
compliant
objetivo
objective, point
objetivo de custos
cost objective
**objeto vinculado
(computação)**
linked object *(computer)*
obras públicas
public works
**obrigação a curto
prazo**
short-term liability
obrigação a desconto
discount bond
obrigação ao portador
corporate bond
**obrigação ao portador com cupons
destacáveis**
coupon bond
obrigação cumulativa
cumulative liability
obrigação de benefícios projetados
projected benefit obligation
**obrigação de fideicomisso de
equipamentos**
equipment trust bond
obrigação de gratificações
premium bond
obrigação de prazo médio
medium-term bond
obrigação garantida
secured bond
obrigação moral
moral obligation bond
obrigação municipal
municipal revenue bond
obrigação sem cupom
zero coupon bond

obrigação
liability
obrigações a pagar
note payable
obrigações a receber
note receivable
**obrigações de taxa
variável**
floating-rate note
obrigações provisionadas
accrued liabilities
observador
surveyor
obsolescência
obsolescence
**obsolescência funcional pela
melhoria dos processos**
functional obsolescence
obsolescência tecnológica
technological obsolescence
obstaculizar
stonewalling
**obstrução de papel
(computação)**
paper jam *(computer)*
ocultação
concealment
ocupação
occupation, occupancy
ocupante
occupant
ocupante de imóvel
tenant
oferta
offer
oferta competitiva
competitive bid
**oferta de compra e de
venda**
bid and asked
oferta de entrega
tender of delivery

oferta de uma companhia para recuperar as ações passadas
self-tender offer
oferta e aceite
offer and acceptance
oferta favorável
bear hug
oferta lacrada
sealed bid
oferta por um período
trial offer
oferta pública
noncompetitive bid
oferta pública de venda
initial public offering (IPO)
oferta pública para compra de ações
tender offer
ofertante
offerer
oligopólio
oligopoly
oligopólio conluio
collusive oligopoly
oligopólio homogêneo
homogeneous oligopoly
ônus da prova
burden of proof
ônus
encumbrance, lien
opção
option
opção ao descoberto
naked option
opção coberta
covered option
opção de compra de ações
employee stock option
opção de compra de ações
stock option
opção de compra futura
call option
opção de lucro a longo prazo
lock-up option
opção de renovação
renewal option
opção de venda
put option

opção de venda ou compra
buy-and-sell agreement
opção de venda ou compra
buy-sell agreement
opção emergencial
fallback option
opções da Bolsa
listed options
opções de compra de ações
compensatory stock options
opções sobre índices de ações
index options
operação
operand
operação cessada
discontinued operation
operador
(computação)
operator *(computer)*
operário diarista trabalhador diarista
journeyman
opinião "à exceção de"
"except for" opinion
opinião com ressalva
qualified opinion
opinião de título
opinion of title
opinião legal
legal opinion
orçamentação base-zero
zero-base budgeting (ZBB)
orçamentação de programas
program budgeting
orçamento de caixa
cash budget
orçamento de capital
capital budget
orçamento de despesas
expense budget
orçamento de vendas
sales budget
orçamento estático
static budget
orçamento flexível
flexible budget
orçamento participativo
participative budgeting

orçamento ultrapassado
overrun
orçamento
budget
ordem à vista
cash order
ordem com preço limitado
limit order
ordem dada ao preço de mercado
market order
ordem de compra
buy order
ordem de compra em aberto
open order
ordem de crédito
credit order
ordem de execução imediata
fill or kill (FOK)
ordem de fabricação
manufacturing order
ordem de serviço
work order
ordem do dia
order paper
ordem original
original order
ordem ou pedido de compra
purchase order
ordem revogável para compra de mercadorias
good-till-canceled order (GTC)
ordenação
ordinance
ordenar
enjoin
organismo de controle
regulatory agency
organização
organization
organização de apoio à saúde
health maintenance organization (HMO)
organização de linha e assessoria
line and staff organization
organização funcional
functional organization
organização linear
line organization
organização matricial
matrix organization
organização voltada para a produção
production-oriented organization
organograma
organizational chart
orientação
orientation, steering
orientação professional
vocational guidance
origem
source
oscilação
fluctuation
outorga
grant
outorgado
grantee
outorgante
grantor
outras receitas
other income
overwrite sobrescribir *(computação)*
overwrite *(computer)*

P

pacote
parcel, package
pacote primário
primary package
pacto pré-nupcial
prenuptial agreement
padrão de fluxo de pedidos
order flow pattern
padrão de vida
standard of living
padrão industrial
industry standard
padrão monetário
monetary standard
padrão ouro
gold standard
padrão prata
silver standard
padrão
boilerplate, standard
padrão minuta padrão
template
pagamento
pay
pagamento adiantado
paid in advance
pagamento antecipado
prepayment
pagamento complementar
premium pay
pagamento de arrendamento mínimo
minimum lease payments
pagamento de dívida
satisfaction of a debt
pagamento de incentivo
incentive pay
pagamento de principal juros taxas e seguros
principal interest taxes and insurance payment (PITI)
pagamento de retenção
holdback pay
pagamento de salários atrasados
back pay
pagamento de taxa de juros básica
base rate pay
pagamento do principal e juros
principal and interest payment (P&I)
pagamento durante a greve
strike pay
pagamento excessivo
overpayment
pagamento na data devida
payment in due course
pagamento no ato da entrega
cash on delivery (COD)
pagamento parcelado
progress payments
pagamento parcial
on account
pagamento por demissão
severance pay
pagamento por transferência
transfer payment
pagamento protelado
deferred payments
pagamento total
total paid
pagar
settle
pagar a menos
underpay
pagar na medida do uso pagamento segundo o uso
pay as you go
pagável
payables
página abaixo *(computação)*
page down *(computer)*

página acima *(computação)*
page up *(computer)*
página de informação
(computação)
information page *(computer)*
página impar
odd page
página impar *(computação)*
odd page *(computer)*
página inicial *(computação)*
home page *(computer)*
paginação *(computação)*
pagination *(computer)*
pago antecipadamente
prepaid
painel de controle
span of control
paisagem (formato) *(computação)*
landscape (format) *(computer)*
papel
paper
papel-moeda cédula
paper money
papel-ouro
paper gold
par
par
para a sua informação
for your information (FYI)
para o litígio
ad item
para substituição
substitution slope
paraíso fiscal
offshore
paralisação
downtime, work stoppage
parâmetro
parameter
parceiro
sharecropper
parcela de negligência atribuível
  ao agente
contributory negligence
parceria associação consórcio
  empreendimento conjunto
  mutirão
joint venture

parcerias com responsabilidade
  limitada
master limited partnership
parecer administrativo do imposto
  de renda
revenue ruling
parecer adverso
adverse opinion
paridade de conversão
conversion parity
paridade
parity
parque industrial
industrial park
parte competente
competent party
parte competitiva
competitive party
participação da marca
brand share
participação de mercado
market share
participação em lucros diferida
deferred profit-sharing
participação em lucros do
  empregado
employee profit sharing
participação minoritária
minority interest or minority investment
partida a quente
warm start
partida a quente *(computação)*
warm boot *(computer)*
partilha divisão repartição
partition
passageiro por milha
passenger mile
passaporte
passport
passivo circulante
current liabilities
passivo contingente
contingent liability, loss contingency
passivo de longo prazo
long-term liability
patente
patent

patente de invenção
patent of invention
patente requerida pendente de registro
patent pending
paternalismo
paternalism
patrimônio dos acionistas
stockholder's equity
patrimônio líquido efetivo
effective net worth
patrocinador
sponsor
peculato
peculation
pecúlio
nest egg
pecuniário
pecuniary
pedágio
toll
pedido
claim, job order, pleading
pedido de margem
margin call
pedido segundo o nível de existências
threshold-point ordering
penalidade civil
civil penalty
penetração no mercado
market penetration
penhor legal
mechanic's lien
penhor
pledge
penhora fiscal
tax selling
penhora judicial
judgment lien
pensão
retirement income
pensão alimentícia
alimony
pequena empresa
small business
percentagem
percent percentage
percentagem de fragmentos de tecido
rag content
percepção de rendas para efeitos contributivos
constructive receipt of income
perda
loss
perda de capital
capital loss
perda econômica
economic loss
perda fortuita
fortuitous loss
perda operacional líquida
net operating loss (NOL)
perda ordinária
ordinary loss
perda total
total loss
perecível
perishable
perfil do consumidor
customer profile
perfil do posto
job specification
perfuração exploratória
wildcat drilling
perguntas mais freqüentes *(computação)*
FAQ (frequently asked questions) *(computer)*
periférico *(computação)*
peripheral device *(computer)*
perigo de catástrofe
catastrophe hazard
perigos mistos
mixed perils
período
period
período de calma
slack
período de carência
grace period
período de espera
cooling-off period
período de mais movimento
peak period

período de pagamento
pay period
período de retorno de um investimento
payback period
período fixo
straight time
período sem pagamento de aluguel
rent-free period
período-base
base period
perjúrio
perjury
perpetuidade
perpetuity
perpétuo
in perpetuity
persuasão moral
moral persuasion
perturbação
nuisance
peso bruto
gross weight
pesquisa aplicada
applied research
pesquisa de antecedentes
background investigation
pesquisa de avarias
troubleshooting
pesquisa de mercado
market research,
marketing research
pesquisa do consumidor
consumer research
pesquisa operacional
operations research (OR)
pesquisa qualitativa
qualitative research
pesquisa quantitativa
quantitative research
pessoa
person
pessoa figurativa
straw man
pessoa jurídica
legal entity
pessoa jurídica sem fins lucrativos
nonstock corporation
pessoa razoável
reasonable person
pessoa selecionada
detail person
pessoal
personnel
pessoal de campo
field staff
pessoal demitido
unemployed labor force
petição requerimento
petition
pico de energia
power surge
pico de vendas
selling climax
pico
peak
pílula de veneno
poison pill
pincel *(computação)*
paintbrush *(computer)*
piquete de greve
picketing
pirâmide financeira
financial pyramid
pirata
hacker
pirataria no trabalho
labor piracy
pista
trace
placa de circuito
circuit board
placa de circuito *(computação)*
circuit board *(computer)*
placa de jogo *(computação)*
game card *(computer)*
placa gráfica *(computação)*
graphics card *(computer)*
placa gráfica de vídeo *(computação)*
video graphics board *(computer)*
planejador de mídia
media planner
planejamento centralizado
central planning

planejamento das contingências
contingency planning
planejamento de
estate planning
planejamento de inventário
inventory planning
planejamento de longo prazo
long-range planning
planejamento de uso do solo
land-use planning
planejamento estratégico
strategic planning
planejamento estratégico
  corporativo
corporate strategic planning
planejamento fiscal
tax planning
planejamento organizacional
organization planning
planilha de origem
  (computação)
source worksheet *(computer)*
planilha eletrônica *(computação)*
worksheet *(computer)*
planilha eletrônica
spread sheet
plano
plan
plano 401(k)
401 (k) plan
plano b
plan b
plano da cidade
plat
plano de administração de
  depósitos
deposit administration plan
plano de administração
  múltiplo
multiple-management plan
plano de aposentadoria
retirement plan
plano de aposentadoria baseado
  em benefícios
benefit-based pension plan
plano de aposentadoria
  consolidado
funded pension plan

plano de aposentadoria
  contribuinte
contributory pension
  plan
plano de aposentadoria financiado
  antecipadamente
advanced funded pension plan
plano de benefícios
cafeteria benefit plan
plano de compensação diferida
deferred compensation plan
plano de compras cruzado
cross purchase plan
plano de contas lista de contas
chart of accounts
plano de contribuição diferida
deferred contribution plan
plano de depósito de prêmios
  mínimo
minimum premium deposit plan
plano de dispersão
scatter plan
plano de investimento mensal
monthly investment plan
plano de participação em lucros
profit-sharing plan
plano de pensão com distribuições
  diferidas
defined contribution pension
  plan
plano de pensão com prestações
  diferidas
defined-benefit pension plan
plano de poupança da folha de
  pagamento
payroll savings plan
plano de prêmios
incentive wage plan
plano de redução do salário
salary reduction plan
plano de reinvestimento de
  dividendos
dividend reinvestment plan
plano de retiradas
withdrawal plan
plano de sociedade de capital
  fechado
close corporation plan

plano geral projeto geral
general scheme
plano Keogh
Keogh plan
plano mercadologico plano de marketing
marketing plan
plano mestre
master plan
plano ou fideicomisso qualificado
qualified plan or qualified trust
plano para mídia
media plan
plano piloto
pilot plan
plano reformado de dividendos
dividend rollover plan
plano voluntário de acumulação
voluntary accumulation plan
planos do piso
floor plan
plataforma a ponto de entrega
pier to house
pleno de habilidades
skill intensive
plotadora
plotter
poça conjunto grupo de empresas
pool
poder aquisitivo
purchasing power
poder aquisitivo discricionário
discretionary spending power
poder da polícia
police power
poder de pagamento
ability to pay
poder de venda
power of sale
poder escrito para vender ações
stockpower
poder expropriante
eminent domain
poder pericial
expert power
poder temporal
staying power

política de catástrofe
catastrophe policy
política de compensação
countercyclical policy
política de desviação
deviation policy
política de ganhos familiares
family income policy
política de moradores
homeowner's policy
política de porta aberta
open-door policy
política de propriedade comercial
commercial property policy
política discricionária
discretionary policy
política em bloco
block policy
política financeira
fiscal policy
poluição
pollution
ponte de trabalho
job jumper
ponto base 1/100 por cento
basis point
ponto de classificação bruto
gross rating point (GRP)
ponto de corte
cutoff point
ponto de emissão de novos pedidos
recorder point
ponto de equilíbrio
break-even point
ponto de início
trigger point
ponto de venda
outlet store
ponto fraco do mercado
soft spot
pontos de desconto
discount points
por cabeça ou habitante per cápita
per capita
por dia
per diem
por omissão *(computação)*
default *(computer)*

portar
bear
porta-voz
spokesperson
portfolio de ações
market basket
porto franco
free port
posição
position
posição a descoberto
short position
posição aberta
open interest
posição de caixa
cash position
posição descoberta
naked position
posição financeira
financial position
posição firme
footing
posição futura
long position
posicionamento
positioning
posicionar
take a position
posse
possession
posse de terras
tenure in land
posse direta
seisin
possibilitar
enable
possuidor de boa-fé
holder in due course
posto de troca
trading post
posto de venda
retail outlet
potencial ascendente
upside potential
pouco controle
loose rein
poupança forçada
forced saving

pouquinho
iota
prazo intermediário
intermediate term
prazo para o resgate
redemption period
pré-calcular
precompute
precisão dupla
double precision
preclusão consumativa
estoppel
preço a varejo sugerido
suggested retail price
preço controlado
administered price
preço da oferta
offering price
preço de conversão
conversion price
preço de demanda
demand price
preço de entrega da mercadoria no navio
free on board (FOB)
preço de entrega de mercadoria no cais
free alongside ship (FAS)
preço de equilíbrio
equilibrium price
preço de exercício
strike price
preço de fechamento
closing price
preço de mercado
market price
preço de mercado negociado
negotiated market price
preço de monopólio
monopoly price
preço de oferta
supply price
preço de subscrição
subscription price
preço de tabela
list price
preço de transferência
transfer price

preço de venda para entrega imediata
spot price
preço de venda
asking price
preço detonador
trigger price
preço do contrato (imposto)
contract price (tax)
preço fortuito
forward pricing
preço justificado
justified price
preço negociado
negotiated price
preço objetivado
target price
preço paritário
parity price
preço regular
normal price
preço variável
variable pricing
preços abaixo do padrão de mercado
pricing below market
preços com valores excedentes
odd-value pricing
preços lideres
leader pricing
preços máximos
highs
preços seletos
prestige pricing
predatar
backdating
predição
prediction
prédio dominante
dominant tenement
preenchimento
padding
pré-fabricado
prefabricated
pré-faturamento
pre-bill
pré-fechamento
preclosing

preferência de liquidez
liquidity preference
pregão a viva voz
open outcry
prejuízo acidental
casualty loss
prejuízo líquido
net loss
pré-liberação
prerelease
prémio de permanência
golden handcuffs
prêmio não ganho
unearned premium
prêmio nivelado
level premium
premissas
premises
prender
take
prerrogativa administrativa
management prerogative
prerrogativa
prerogative
prescrição
prescription,
statute of limitations
presente
gift
presidente
president
presidente da diretoria
chairman of the board
prestação
installment
prestação de contas
accountability
prestação por longevidade
longevity pay
prestamista institucional
institutional lender
presunção de conhecimento
constructive notice
pré-venda
presale
previsão
forecasting

prima fixa
fixed premium
primeira entrada primeira
  saída
first in first out (FIFO)
primeira hipoteca
first mortgage
primeiro gravame
first lien
principal
principal
princípio acelerador
accelerator principle
princípio da combinação
matching principle
princípio da equivalência
benefit principle
princípio minimax
minimax principle
princípios contábeis normas
  contábeis normas contabilísticas
accounting principles
accounting standards
princípios de contabilidade
  geralmente aceitos
generally accepted accounting
principles
privatização
privatization
privilégio de reinvestimento
reinvestment privilege
privilegio de subscrição
subscription privilege
procedimento contábil
accounting procedure
procedimento do parlamento
parliament procedure
processador central *(computação)*
mainframe *(computer)*
processamento de texto
(computação)
word processing *(computer)*
processamento de textos
text processing *(computer)*
processamento paralelo
parallel processing
processamento por lotes
batch processing

processo
suite *(computer)*
processo analítico
analytic process
processo contínuo
continuous process
procura do investidor de um
  melhor retorno
market timing
procuração
power of attorney, proxy
procurador
attorney-in-fact
produção
production
produção contínua
continuous production
produção direta
direct production
produção em massa
mass production
produção individual
indirect production
produção industrial
industrial production
produção intermitente
intermittent production
produção linear
straight-line production
produção programada
scheduled production
produtividade
productivity
produtividade das terras
land-use intensity
produto
product
produto nacional bruto
gross national product
(GNP)
produto nacional líquido
net national product
produtor de capital
marginal producer
produtos acabados
finished goods
produtos da revenda
proceeds from resale

produtos de demanda fixa
staple stock
produtos de indústria
emblement
produtos de linha branca
white goods
produtos industriais
industrial goods
produzir
produce
profissão
profession
profissão de contabilidade
accountancy
profissional autônomo
self employed
programa aplicativo (computação)
application program *(computer)*
programa de auditoria
audit program
programa de garantia de moradores
homeowner warranty program (HOW)
programa de serviço do varejista
retailer's service program
programa de sondagens de exploração
developmental drilling program
programa secundário
subroutine
programa utilitário *(computação)*
utility program *(computer)*
programa vencido
lapsing schedule
programação de fins
goal programming
programador
programmer
programas de compactação e descompactação *(computação)*
compress *(computer)*
programas que permitem navegar na rede*(computação)*
web browser *(computer)*

projeção
projection
projeção de respostas
response projection
projeto de lei
bill
promissória comercial de fidelidade
prime paper
promoção coligada
tie-in promotion
promoção de vendas
sales promotion
promoção vertical
vertical promotion
promotor
developer
pronta entrega
special delivery
pronta reclassificação de terrenos
spot zoning
propaganda publicada
run of paper (ROP)
propensão marginal a consumir
marginal propensity to consume (MPC)
propensão marginal a investir
marginal propensity to invest
propensão marginal a poupar
marginal propensity to save (MPS)
propina suborno
kickback
proposta em aberto
open bid
proposta firme oferta firme
firm offer
proposta
tender
propriedade
ownership, property, proprietorship
propriedade acondicionada
reconditioning property
propriedade arrendada
leasehold
propriedade comercial
commercial property

propriedade de aquisição subseqüente
after-acquired property
propriedade individual
severalty
propriedade industrial
industrial property
propriedade isenta de impostos
tax-exempt property
propriedade mais valorizada
crown jewels
propriedade marginal
marginal property
propriedade não melhorada
unimproved property
propriedade não onerada
unencumbered property
propriedade pessoal
personal property
propriedade similar
like-kind property
proprietário vitalício
life tenant
proprietário-operador
owner-operator
prorroga para arquivar
extension of time for filing
prospecto
prospect, prospectus
prospecto preliminar
preliminary prospectus
proteção ao consumidor
consumer protection
proteção de cópia *(computação)*
copy-protected *(computer)*
protecionismo
protectionism
protegido contra gravação *(computação)*
write-protected *(computer)*
protetor de cheques
check protector
protetor de tela *(computação)*
screen saver *(computer)*
protocolo
protocol

protocolo de transferência de arquivos
file transfer protocol (FTP)
prova da precisão do ajuste
goodness-of-fit test
prova de conceito
concept test
prova de propriedade
evidence of title
prova documental
documentary evidence
provas de seleção
testcheck
provedor de serviços Internet
internet service provider
provisão de dívida incobrável
bad debt reserve
provisão de mercadorias
merchandise allowance
provisão de recursos
allocation of resources
prudência cautela ponderação
prudence
psicologia industrial
industrial psychology
publicidade comercial
trade advertising
publicidade corporativa
cooperative advertising
publicidade de ação direta
direct-action advertising
publicidade de imagem
image advertising
publicidade de negócio a negócio
business-to-business adverting
publicidade de prestígio
prestige advertising
publicidade de resposta direta
direct response advertising
publicidade especializada
specialty advertising
publicidade falsa
false advertising
publicidade financeira
financial advertising
publicidade fraudulenta
deceptive advertising

publicidade industrial
industrial advertising
publicidade subliminar
subliminal advertising
publicidade
advertising

público alvo
target audience
unição de pagamento antecipado
prepayment penalty

Q

qualidade
quality
quando emitido
when issued
quantia bruta
gross amount
quantia principal
principal amount
quantia principal
principal sum
quantidade em equilíbrio
equilibrium quantity
quarto mercado
fourth market
quase contrato
quasi contract
quase dinheiro
need satisfaction
quebra
break
quebra antecipada
anticipatory breach
quebra de linha incondicional
(computação)
hard return *(computer)*
quebra de página *(computação)*
page break *(computer)*
queda queda brusca e violenta
crash
queimador de CD *(computação)*
CD-burner *(computer)*

quem subdivide
subdivider
questão trabalhista
labor dispute
questionários
interrogatories
quinzenal
semimonthly
quitação
discharge, release, settlement
quociente absoluto de liquidez
acid test ratio
quociente de ações comuns
common stock ratio
quociente de caixa
cash ratio
quociente de cobertura de dívidas
debt coverage ratio
quociente de cobrança
collection ratio
quorum
quorum
quota de importação
import quota
quota cota quinhão contribuição
quota

R

rácio de liquidez reduzida
quick ratio
rácio de perda
loss ratio
racionamento de capital
capital rationing
racionamento
rationing
ratear
prorate
rateio
rating
ratificação
ratification
rato mouse *(computação)*
mouse *(computer)*
razão de ações
stock ledger
razoamento dedutivo
deductive reasoning
razoamento indutivo
inductive reasoning
reabilitação do falido
discharge in bankruptcy
reabilitação
rehabilitation
reajuste
readjustment
real verdadeiro material
real
realização de ganhos
profit taking
realização imediata
quick asset
re-arrendamento preferencial
preferential rehiring
reavaliação
revaluation, reassessment
reaver
recoup

rebate fiscal
tax abatement
recapitalização
recapitalization
recapturar
recapture
receita
revenue
receita antes da tributação
earnings before taxes
receita bruta
gross revenue
receita de prêmios
premium income
receita de vendas
sales revenue
receita geral
general revenue
receita marginal
marginal revenue
receita monetária
money income
receitas conjuntas
aggregate income
receitas e despesas
ingress and egress
receitas e lucros
earnings and profits
receitas ou despesas ordinárias
above the line
receitas primárias por ações
primary earnings per (common) share
receitas reais
real income
recessão
recession
recepção de uma entrega
taking delivery
recessão econômica de 1929
Great Depression
recibo
receipt

reciclagem *(computação)*
recycle bin *(computer)*
reciprocidade
reciprocity
reciprocidade do contrato
mutuality of contract
recolha de dados *(computação)*
data collection *(computer)*
recomendação coletiva
blanket recommendation
recompensa
recompense
reconciliação
reconciliation
re-condução
reconveyance
reconhecedor de fala *(computação)*
speech recognition *(computer)*
reconhecedor de voz *(computação)*
voice recognition *(computer)*
reconhecimento de caracteres óticos *(computação)*
optical character recognition (OCR) *(computer)*
reconhecimento de dívida
due bill
reconhecimento de efetivo
cash acknowledgement
reconhecimento
recognition
reconsignar
reconsign
reconvenção
counterclaim, setoff, recoupment
recrutamento
recruitment
recuperação
recall *(computer)*
recuperação da base
recovery of basis
recuperação de dados *(computação)*
data retrieval *(computer)*
recuperação de depreciação
depreciation recapture
recuperação de dívida incobrável
bad debt recovery
recuperação técnica
technical rally

recuperar
recover
recuperar *(computação)*
recover *(computer)*
recurso
recourse, resource
recurso de capital
capital resource
recursos humanos
human resources
recursos imediatamente disponíveis fundo federal
federal funds (FED FUNDS)
recursos naturais
natural resources
recursos naturais não renováveis
nonrenewable natural resources
recursos naturais renováveis
renewable natural resource
rede *(computação)*
network *(computer)*
rede de comunicação
communications network
rede ferroviária
trackage
redesconto
rediscount
re-desenvolver
redevelop
redistribuição de renda
income redistribution
redução
attrition, contraction
redução da taxa de interesse
buy down
redução das rendas por custos crescentes
profit squeeze
redução de pessoal
down zoning
redução de preço remarcação
markdown
redução do plano de aposentadoria
curtailment in pension plan
reembolso
refund, refunding, redemption
reembolso por experiência
experience refund

reembolso superior
senior refunding
reenvio
back haul
reestruturação
turnaround
reestruturação de dívida problemática
troubled debt restructuring
reestruturação total
shakeup
refinanciar
refinance
reformação
reformation
refundir uma dívida
recasting a debt
região crítica região de rejeição
critical region
registrar *(computação)*
log in *(computer)*
registro cronológico
original entry
registro de ações
stock record
registro de boot *(computação)*
boot record *(computer)*
registro de compras
purchase journal
registro de contas a pagar
voucher register
registro de contas a pagar
accounts payable ledger
registro de contas a receber
accounts receivable ledger
registro de fechamento
closing entry
registro de recepção
receiving record
registro de títulos e documentos
registry of deeds
registro do jornal composto
compound journal entry
registro mestre de inicialização *(computação)*
master boot record *(computer)*
registro público
public record
registro
record, recording, registration
registros de custos
cost records
registros e documentos contábeis
accounting records
regras comerciais
business etiquette
regressão múltipla
multiple regression
regulação de pedidos
order regulation
regulamento
regulation
reindustrialização
reindustrialization
reinicializar
reboot
reinicializar *(computação)*
reboot *(computer)*
reiniciar *(computação)*
restart *(computer)*
reiniciar o computador *(computação)*
reset *(computer)*
reinvestimento automático
automatic reinvestment
reinvestir
plow back
relação
list
relação de conversão
conversion ratio
relação de escala
scale relationship
relação de pacotes
packing list
relação jurídica reconhecida por lei
privity
relações humanas
human relations
relações industriais
industrial relations

relações públicas
public relations (PR)
relatório anual
annual report
relatório de despesas
expense report
relatório de propriedades
property report
relatório de segmentos
segment reporting
relatório de títulos
title report
relatório do contador ou contabilista
accountant 's opinion
relatório externo
external report
relatório financeiro anual em detalhe
comprehensive annual financial report (cafr)
relatório opinião do auditor
auditor's certificate opinion or report
relatórios finaceiros consolidados
consolidated financial statement
relevância
materiality, relevance
remanejar
relocate
remarcação de preços
mark-up
remédio judicial recurso
remedy
remeter
remit
remover informação *(computação)*
erase *(computer)*
remuneração pagamento salário
remuneration
renda (perda) de capital a curto prazo
short-term capital gain (loss)
renda (perda) passiva
passive income (loss)
renda ativa
active income
renda bruta
gross earnings
renda bruta receita bruta
gross income
renda disponível
disposable income
renda do mercado
market rent
renda estrangeira
foreign income
renda fixa
fixed income
renda imputada
imputed income
renda justa de mercado
fair market rent
renda líquida
net income
renda operacional líquida
net operating income (NOT)
renda ou receita ordinária
ordinary gain or ordinary income
renda pessoal
personal income
renda tributável
taxable income
rendas de um falecido
income in respect of a decedent
rendas retidas disponíveis
unappropriated retained earnings
rendição
surrender
rendimento de capital
real earnings
rendimento dos ativos do plano de aposentadoria
return on pension plan assets
rendimento equivalente corporativo
corporate equivalent yield
rendimento nominal
nominal yield
rendimento sobre as vendas
return on sales
rendimento tributável equivalente
equivalent taxable yield

rendimento
Income payout
rendimentos a resgatar
yield to call
rendimentos a vencer
yield-to-mature (YTM)
rendimentos e abonos das vendas
sales returns and allowances
rendimentos líquidos entrada líquida
net proceeds
rendimentos por ação
earnings per share
renegociar
renegotiate
renome comercial
goodwill
renovação urbana
urban renewal
rentabilidade
yield
rentabilidade da carteira de valores
portfolio income
rentabilidade de produtos correntes
yield to average life
rentabilidade do desconto
discount yield
rentabilidade econômica
economic rent
rentabilidade histórica
historical yield
rentabilidade líquida
net yield
rentabilidade simples
simple yield
rentabilidade
profitability
renúncia
repudiation
reorganização
reorganization
reparação por discriminação
affirmative relief
reparos
repairs

repartição do governo
bureau
repatriamento
repatriation
reposição de rendas
income replacement
representação classista
bargaining unit
representação por necessidade
agency by necessity
representante de serviço ao cliente
customer service representative
representante registrado
registered representative
reprodutor de mídia
media player
reprodutor de mídia *(computação)*
media player *(computer)*
reputação
reputation
requerido
asked
requerimento de capital
capital requirement
requerimento de dividendos
dividend requirement
requerimentos para crédito
credit requirements
requisição
requisition
rescisão
rescission
reserva
reserve
reserva de caixa
cash reserve
reserva de corretagem
brokerage allowance
reserva emprestada
borrowed reserve
reserva monetária
monetary reserve
reserva para depreciação
depreciation reserve
reservas do balanço comercial
balance sheet reserve
reservas extraordinárias
excess reserves

reservas para depreciações
allowance for depreciation
resgatar
redeem
resgatável
callable
resgate da dívida
debt retirement
residência principal
principal residence
residencial
residential
resolução de problemas (computação)
troubleshooting *(computer)*
resolução
resolution
responsabilidade absoluta
absolute liability
responsabilidade civil
civil liability
responsabilidade conjunta e solidária
joint and several liability
responsabilidade de pensão mínima
minimum pension liability
responsabilidade direta
direct liability
responsabilidade e riscos comerciais
business exposures liability
responsabilidade indireta
vicarious liability
responsabilidade legal
legal liability
responsabilidade limitada
limited liability
responsabilidade pelo produto
product liability
responsabilidade penal
criminal liability
responsabilidade pessoal obrigação pessoal
personal liability
responsabilidade profissional
professional liability

responsabilidade social
social responsibility
responsabilidade sujeita a prestação de contas
accountability
responsável
liable
resposta
response
ressarcimento
recovery
resseguro
reinsurance
resseguro contra perdas
stop-loss reinsurance
restabelecimento
reinstatement
restituição
restitution
resto
remainder
restrição de comércio
restraint of trade
restrição de escritura
deed restriction
restrição
restriction
resultado (de uma operação)
proceeds
resultado pendente
deferred charge
retenção
holdback
retenção de segurança
back up withholding
retenção fiscal
tax deduction
retificação
offset
retirada proporcional de ações
reverse split
retorno de capital investido
return on invested capital
retorno de informação
information return
retorno do capital
return of capital

retorno sobre o patrimônio
return on equity
retrato (formato) *(computação)*
portrait (format) *(computer)*
retroativo
retroactive
réu
respondent, defendant
reunião anual
annual meeting
revelação
disclosure
revés
setback
revisão
review
revisão analítica
analytical review
revogação
defeasance, revocation
revolução industrial
industrial revolution
re-zoneamento
rezoning
rico
rich
riqueza nacional
national wealth
risco
risk
risco de baixa
downside risk
risco de causa natural
static risk
risco de crédito
credit risk
risco de inadimplemento de estado soberano
sovereign risk
risco especulativo
speculative risk
risco moral
moral hazard
risco profissional
occupational hazard
risco sistemático
systematic risk
rotação
turnover
rotação das contas a cobrar
receivables turnover
rotação de ações
stock turnover
rotação de trabalho
job rotation
rotatividade de estoques
inventory turnover
rótulo do código de barras *(computação)*
bar code label *(computer)*
rural
rural

S

sabotagem
sabotage
sacado
drawee
sacador
drawer, payer
sala da diretoria
boardroom
salário
salary, wage
salário anual
annual wage
salário anual garantido
guaranteed annual wage (GAW)
salário base
wage floor
salário gradual
graduated wage
salário líquido
take-home pay
salário mínimo
minimum wage
salário nominal
nominal wage
salário padrão
standard wage rate
salário real
real wages
salário-tarefa
piece rate
saldo
balance
saldo a pagar
outstanding balance
saldo credor
credit balance
saldo exigido a título de reciprocidade
compensating balance
saldo médio (diário)
average (daily) balance

saldos decrescentes duplos
double declining balance
sanções econômicas
economic sanctions
sangrar extorquir
bleed
saque
draft
saque a prazo
time draft
saque automático
automatic withdrawal
saque contra apresentação
sight draft
satisfação no trabalho
job satisfaction
sazonalidade
seasonality
scanner *(computação)*
scanner *(computer)*
seções de trabalho
job shop
secos
dry goods
secretaria da receita federal
Internal Revenue Service (IRS)
sede base
seat
segmento do mercado
market segmentation
segredo comercial
trade secret
segregação de funções
segregation of duties
segunda hipoteca
wraparound mortgage
segundo a escala *(computação)*
true to scale *(computer)*

segundo as regras
by the book
segurado
insured
segurador
insurer
segurança
insurability, security
segurança no trabalho
job security
segurar
insure
seguridade garantida
guaranteed insurability
seguro
insurance
seguro coletivo
blanket insurance,
umbrella liability insurance
seguro com participação nos lucros
participating insurance
seguro contra a falsificação comercial
commercial forgery policy
seguro contra acidentes
casualty insurance
seguro contra certos riscos
named peril policy
seguro contra danos por chuvas
rain insurance
seguro contra falsificação de depositantes
depositors forgery insurance
seguro contra imprevistos (roubo incêndio etc.)
hazard insurance
seguro contra incêndio
fire insurance
seguro contra perigos múltiplo
multiple-peril insurance
seguro da carteira de valores
portfolio insurance
seguro da propriedade arrendada
leasehold insurance

seguro de carga
cargo insurance
seguro de consignação
consignment insurance
seguro de crédito comercial
commercial credit insurance
seguro de crédito em grupo
group credit insurance
seguro de crédito hipotecário
mortgage insurance
seguro de documentos (registros) valiosos
valuable papers (records) insurance
seguro de frete
freight insurance
seguro de garantia
completion bond
seguro de incapacidade em grupo
group disability insurance
seguro de lucros cessantes
loss of income insurance
seguro de melhoramentos
improvements and betterments insurance
seguro de operações concluídas
completed operations insurance
seguro de plano de piso
floor plan insurance
seguro de processamento de dados
data processing insurance
seguro de recuperação por incapacidade
disability buy-out insurance
seguro de responsabilidade
liability insurance
seguro de responsabilidade geral
general liability insurance
seguro de responsabilidade pelo produto
product liability insurance
seguro de saúde comercial
commercial health insurance
seguro de saúde em grupo
group health insurance
seguro de vida a prazo fixo convertível
convertible term life insurance

seguro de vida ajustável
adjustable life insurance
seguro de vida anual renovável
annual renewable term insurance
seguro de vida de pagamentos limitados
limited payment life insurance
seguro de vida de prêmio único
single premium life insurance
seguro de vida e incapacidade do empregado chave
key person life and health insurance
seguro de vida em grupo
group life insurance
seguro de vida individual
individual life insurance
seguro de vida modificado
modified life insurance
seguro de vida premium indeterminado
indeterminate premium life insurance
seguro de vida reajustável
indexed life insurance
seguro de vida universal
universal life insurance
seguro de vida variável
variable life insurance
seguro garantia
performance bond, surety bond
seguro hipotecário privado
private mortgage insurance
seguro obrigatório
compulsory insurance
seguro por incapacidade
disability income insurance
seguro social
social insurance
seguro total
comprehensive insurance
seguro-inundação
flood insurance
seguros contra ações de empregados
fidelity bond
selecionar
select
selecionar *(computação)*
select *(computer)*

selo
seal
selo de aprovação
seal of approval
sem crescimento
no-growth
sem fins de lucro
not for profit
sem formatar *(computação)*
nonformatted *(computer)*
sem fundos
NSF
sem recurso
without recourse
sem recurso sem garantia
nonrecourse
sem valor
null and void
semana laboral
work week
semestral
biannual, semiannual
semicondutor
semiconductor
semi-duplex
half duplex
senha código *(computação)*
password *(computer)*
senhorio
landlord
sentencia contumacial
default judgment
separação
breakup
separação de bens
separate property
separação de linhas *(computação)*
line pitch *(computer)*
serviçal
peon
serviço
service
serviço anual da dívida
annual debt service
serviço da dívida
debt service

serviço da dívida nivelado
level debt service
serviço de compras
shopping service
serviço de consultoria em investimentos
investment advisory service
serviço de marketing
merchandising service
serviço de proteção ao crédito
credit bureau
serviço do cliente
customer service
serviço hipotecário
mortgage servicing
servidão
easement
servidão implícita
implied easement
servidão pitórica
scenic easement
servidão público
utility easement
servidor *(computação)*
server *(computer)*
servidor da rede *(computação)*
web server *(computer)*
setor
sector
shareware
shareware *(computer)*
siglas
buzzwords
simbolismo
tokenism
símbolo de ações
stock symbol
simplificação do trabalho
work simplification
simulação
simulation
simulação de doença
malingering
simulador de doença
malingerer
sinais mistas
mixed signals

sinal
earnest money
sindicalismo
organized labor
sindicalista
syndicator
sindicato
craft union, employee association, syndicate
sindicato de empresas
company union
sindicato de trabalhadores
labor union, trade union
sindicato independente
independent union
sindicato jornalístico
newspaper syndicate
síndico de bancarrota falência
trustee in bankruptcy
sinergia
synergy
sistema *(computação)*
system *(computer)*
sistema acelerado de recuperação de custo
accelerated cost recovery system (ACRS)
sistema alodial
allodial system
sistema básico de entrada e saída *(computação)*
basic input-output system (BIOS) *(computer)*
sistema contábil
accounting system
sistema de apoio à decisão
decision support system (DSS)
sistema de classificação de contas a receber por ordem cronológica
aging of accounts receivable or aging schedule
sistema de classificação industrial uniforme
standard industrial classification (SIC) system

sistema de fundo fixo
imprest system
sistema de gestão
management system
sistema de informação de comercialização
marketing information system
sistema de informações à gerência
management information system (MIS)
sistema de lucros
profit system
sistema de mercado
market system
sistema de nome de domínio
domain name system
sistema de ponto de pedido
order-point system
sistema de preços
price system
sistema de sugestões
suggestion system
sistema do banco central
Federal Reserve System (FED)
sistema econômico
economic system
sistema independente
stand-alone system
sistema interativo
interactive system
sistema métrico
metric system
sistema operacional básico *(computação)*
basic operating system *(computer)*
situação especial
special situation
só de leitura *(computação)*
read-only *(computer)*
sobras e faltas
over-and-short
sobreaquecido
overbought
sobrecarga
overflow
sobre-escrito
superscript *(computer)*

sobretaxa
overcharge, surcharge, surtax
sobrevivência
survivorship
socialismo
socialism
sociedade afiliada
affiliated company
sociedade anônima
corporation
sociedade anônima de outro país
foreign corporation
sociedade corretora membro da bolsa
member firm or member corporation
sociedade de capital fechado
closely held corporation
sociedade de gestão administrativa
administrative management society
sociedade em comandita privada
private limited ownership
sociedade mercantil acidental
collapsible corporation
sociedade por ações
joint stock company
sociedade por quotas de responsabilidade limitada
limited partnership
sociedade sem fins lucrativos
nonprofit corporation
sociedade sem personalidade jurídica própria
unincorporated association
sociedade subsidiária
subsidiary company
sociedade unipessoal
sole proprietorship
sócio comanditário
limited or special partner
sócio minoritário
junior partner
sócio oculto
silent partner
sócio solidário sócio majoritário
general partner

sócio associado
partner
software aplicativo *(computação)*
application software *(computer)*
software contábil
accounting software
software melhorado *(computação)*
upgrade software *(computer)*
solicitação de empréstimo
loan application
solicitação para proposta
request for proposal (RFP)
soluções de reclamos nos imóveis
quiet title suit
solvência
solvency
soma de dividendos
dividend addition
soma horizontal
cross-footing
soma total
lump sum
somente serviços administrativos
administrative services only (ASO)
sonegação de imposto
tax evasion
spamming *(computação)*
spamming *(computer)*
suavização exponencial
exponential smoothing
subassalariado
scab
sub-assegurado
underinsured
subcapitalização
undercapitalization
sub-diretório *(computação)*
subdirectory *(computer)*
subdividir
subdividing
subdivisão
subdivision
subempregado
underemployed
subempreiteiro
subcontractor

sub-escrito *(computação)*
subscript *(computer)*
sublinhar *(computação)*
underline *(computer)*
sublocação
sublease
sublocar
sublet
sublocatário
subtenant
submarginal
submarginal
subordinação
subordination
subordinado
subordinated
suborno
payola
sub-otimizar
suboptimize
sub-produto produto derivado
by-product
sub-repticiamente
under the counter
sub-rogação
subrogation
subscrever um empréstimo
subscrever um financiamento
take-out loan take-out financing
subscrição
subscription
subscritor
underwriter
subsidiária não consolidada
unconsolidated subsidiary
subsidiário
subsidiary
subsídio especial
specific subsidy
subsídio subvenção
subsidy
subsistência
subsistence
substituição
substitution
substituir *(computação)*
replace *(computer)*

subtotal
subtotal
sucessão hereditária
descent
sucessão na utilização de terrenos
land-use succession
sucessões
probate
suficiência de cobertura
adequacy of coverage
sujeito a hipoteca
subject to mortgage
super aquecido
overheating
superávit agrícola
farm surplus
superávit doado
donated surplus
superávit resultante de contribuição do acionista
paid-in surplus
superávit excesso excedente
surplus
superintendente
superintendent
superior tribunal
appellate court (appeals court)
supermercado
supermarket
supermercado financeiro
financial supermarket
superprodução
overproduction
supersaturado
overbooked
supervalorizado
overvalued
suporte
retaining
suprimento total
aggregate supply
surfar na rede
(computação)
net surfing
(computer)
suspensão
abatement, suspension
suspensão de pagamento
stop payment
suspensão do comércio
suspended trading
sustentação de preços
price support
sustentar o preço de um produto
peg

T

tabela de amortização
amortization schedule
tabela de contingência
contingency table
tabela de mortalidade
mortality table
tabela de preço
rate card
tal qual
as is
tanto rural quanto urbano
rurban
tarifa
tariff
tarifa combinada
joint fare joint rate
tarifa de remessa
through rate
tarifa econômica
supersaver fare
tarifa especial
premium rate
tarifa final
net rate
tática
tactic
taxa
rate
taxa anualizada
annualized rate
taxa combinada
blended rate
taxa comercial
trade rate
taxa composta de depreciação
composite depreciation
taxa de aluguel
rental rate
taxa de atualização
discount rate
taxa de câmbio
exchange rate

taxa de câmbio de divisa flutuante
floating currency exchange rate
taxa de câmbio flutuante
floating exchange rate
taxa de capitalização
capitalization rate
taxa de carga de um automóvel
carload rate
taxa de corretagem
finder's fee
taxa de crescimento
growth rate
taxa de crescimento composta
compound growth rate
taxa de crescimento econômico
economic growth rate
taxa de desconto ajustada por risco
risk-adjusted discount rate
taxa de dividendos distribuídos
dividend payout ratio
taxa de empréstimo à corretora
broker loan rate
taxa de erro por bit *(computação)*
bit error rate *(computer)*
taxa de gestão
management fee
taxa de imposto
tax rate
taxa de imposto efetiva
effective tax rate
taxa de imposto progressiva
progressive tax
taxa de incentivo
incentive fee
taxa de incidência de impostos
assessment ratio
taxa de inflação
inflation rate
taxa de juros
interest rate
taxa de juros de FED FUNDS
federal funds rate

taxa de juros nominais
face interest value
taxa de juros nominal
nominal interest rate
taxa de juros para clientes preferenciais
prime rate
taxa de juros real
real interest rate
taxa de lucro real após impostos
after-tax real rate of return
taxa de manutenção
maintenance fee
taxa de mão-de-obra
wage rate
taxa de milhagem
mileage rate
taxa de poupança
savings rate
taxa de produção
production rate
taxa de quadros
frame rate
taxa de quadros *(computação)*
frame rate *(computer)*
taxa de recuperação
recapture rate
taxa de redesconto
rediscount rate
taxa de reinvestimento
reinvestment rate
taxa de remessa
remit rate
taxa de rendimento
payout ratio
taxa de rendimento antes do imposto
pretax rate of return
taxa de rendimento de administração financeira
financial management rate of return (FMRR)
taxa de retorno contabilístico
accounting rate of return
taxa de retorno exigida
required rate of return
taxa de retorno total
overall rate of return

taxa de uma só aplicação
one-time rate
taxa de vacância
vacancy rate
taxa de varejo
retail rate
taxa do contrato
contract rate
taxa efetiva
effective rate
taxa efetiva de tributação
average tax rate
taxa fixa
flat rate
taxa hipotecária ajustável
adjustable-rate mortgage (ARM)
taxa interna de retorno
internal rate of return (IRR)
taxa justa de retorno
fair rate of return
taxa marginal de tributação
marginal tax rate
taxa mínima de retorno estabelecida
hurdle rate
taxa paga
teaser rate
taxa real de juros anual
annual percentage rate (APR)
taxa real de retorno
real rate of return
taxa reduzida
reduced rate
taxa sem dividendo
ex-dividend rate
taxação
taxation
taxas contingentes
contingent fee
taxas de mercado aberto
open-market rates
taxas e classificações
rates and classifications
taxas punitivas
tax wedge
tecla
(computação)
key *(computer)*

tecla ALT *(computação)*
alternate coding key (alt key) *(computer)*
tecla caps lock *(computação)*
caps lock key *(computer)*
tecla CAPS LOCK *(computação)*
shift lock *(computer)*
tecla CONTROL *(computação)*
control key (ctrl) *(computer)*
tecla de função
function key
tecla de função *(computação)*
function key *(computer)*
tecla de retrocesso *(computação)*
backspace key *(computer)*
tecla DELETE (DEL *(computação)*)
delete key (del *(computer)*)
tecla ESCAPE *(computação)*
escape key (esc) *(computer)*
tecla INICIO *(computação)*
home key *(computer)*
tecla NUM LOCK
num lock key
tecla NUM LOCK *(computação)*
num lock key *(computer)*
tecla SHIFT *(computação)*
shift key *(computer)*
tecla TAB *(computação)*
tab key *(computer)*
tecla TOGGLE *(computação)*
toggle key *(computer)*
teclado *(computação)*
keyboard *(computer)*
teclado QWERTY *(computação)*
qwerty keyboard *(computer)*
teclado QWERTZ *(computação)*
qwertz keyboard *(computer)*
técnica de investimento
formula investing
técnico jurídico sem diploma
paralegal
tecnologia
technology
tela de ajuda *(computação)*
help screen *(computer)*
tela de título
(computação)
title screen *(computer)*

tela sensível ao toque
(computação)
touch screen *(computer)*
telecomunicações
telecommunications
telefonia
telephone switching
telégrafo
ticker
telemarketing
telemarketing
tempestade de idéias
brainstorming
tempo compensatório
compensatory time
tempo de preparação
lead time
tempo e meio
time-and-a-half
tempo morto
dead time
tempo padrão
standard time
tempo permitido tempo concedido
 tempo aprovado
allowed time
tendência
trend
tendência a longo prazo
long-term trend
tendência altista
uptrend
tendência central
central tendency
tendência conjunta
joint tendency
tendência do entrevistador
interviewer basis
tentativa e erro
trial and error
teoria de conjunto de direitos
bundle-of-rights theory
teoria de motivação externa
field theory of motivation
teoria de títulos
title theory
teoria do laço mais fraco
weakest link theory

teoria Dow
Dow theory
teoria moderna de gestão de carteiras
modern portfolio theory (MPT)
ter uma perda considerável
take a bath take a beating
terceirização
outsourcing
terceiro terceira parte
third party
terminar sessão *(computação)*
log off *(computer)*
termo inicial da cobertura
commencement of coverage
termo
term
terra terreno
land
terreno com alguma melhoria
improved land
terreno sem melhorias
raw land
terreno vago
vacant land
tesoureiro
treasurer
testa-de-ferro
dummy
testado
testate
testador
testator
testamenteiro
executor
testamento
testament, will
teste bilateral
two-tailed test
teste de absorção
percolation test
teste de colocação
placement test
teste de efetividade das vendas
sales effectiveness test
teste de hipótese
hypothesis testing
teste de mercado
market test
teste mediante observação
observation test
teste qui-quadrado
chi-square test
teste
test
testemunhal
testimonial
testemunho em contrato ou escritura
testimonium
teto salarial
wage ceiling
tipo de fonte *(computação)*
typeface *(computer)*
tipo de processamento automático *(computação)*
wraparound type *(computer)*
titular da opção
option holder
titular do registro
holder of record
título
title
título de crédito
negotiable instrument
título de crédito abonado
accommodation paper
título de crédito ao portador
bearer bond
título de crédito com juros diferidos
deferred interest bond
título de crédito com vencimentos sucessivos
series bond
título de crédito garantido por hipotecas
collateralized mortgage obligation (CMO)
título de dívida
debt instrument, debt security
título de grande segurança
high-grade bond
título de rendimento variável
floater

título do governo municipal
municipal bond
título garantido
guaranteed security
título garantido por terceiros
guaranteed bond
título hipotecário alternativo
alternative mortgage instrument (AMI)
título imobiliário
housing bond
título justo
clear title
título mobiliário registrados
registered security
título mobiliário subordinado
junior security
título negociado ao par
par bond
título podre
junk bond
título segurável
insurable title
título sujeito ao comércio
marketable title
título patrimônio bens do espólio massa falida
estate
títulos conversíveis em ações ordinárias
common stock equivalent
títulos isentos
exempt securities
títulos negociáveis
marketable securities
todos os riscos/todos os perigos
all risk/all peril
tomada
taking
tomada parcial
partial taking
tonelagem bruta
gross ton
total de verificação
hash total
trabalhador ambulante
itinerant worker

trabalhador braçal operário
blue collar
trabalhador de produção
production worker
trabalhador do setor de serviços
service worker
trabalhador eventual
casual laborer
trabalhador migrante
migratory worker
trabalhador modelo
pacesetter
trabalhador que transgride o movimento grevista
strikebreaker
trabalho de um empregado
scope of employment
trabalho eletronico
job ticket
trabalho em andamento
work in progress
trabalho remunerado por peça trabalho por tarefa
piece work
trabalho sem futuro
dead-end job
trabalho
labor
TrackBall *(computação)*
trackball *(computer)*
traduzir
translate
tráfico de influência
graft
traição crime de lesa-pátria
treason
transação garantida
secured transaction
transação neta
net transaction
transação operação comercial negócio
transaction
transações entre partes relacionadas
related party transaction
transferência
rollover

transferência da propriedade
conveyance
transferência de contrato de leasing
assignment of lease
transferência de propriedade
assign
transferência de rendimentos
assignment of income
transferência de trans-geração
generation-skipping transfer
transferência telegráfica
cable transfer
transferência voluntária
voluntary conveyance
transmissão de dados *(computação)*
data transmission *(computer)*
transmitir vírus *(computação)*
transmit a virus *(computer)*
transnacional
transnational
transporte
carryover, transportation
transporte a curta distância
cartage
transporte de bens em barcaças
lighterage
transporte terrestre
inland carrier
trava
hedge
travamento *(computação)*
crash *(computer)*
treinamento de sensibilidade
sensitivity training
tribunal
bar
tribunal competente para questões aduaneiras
customs court
tribunal superior de um distrito ou de um condado
court of record
tributação oficial
assessed valuation
tributação
assessment
tributável
ratable
trilhas para auditoria
audit trail
trimestral
quarterly
troca
swap switching
troca turno turma variação
shift
turma de noite
graveyard shift
turno da tarde
swing shift
turno rotativo
rotating shift
tutor
guardian

U

última venda
last sale
último a entrar/primeiro a sair
last in last out (LIFO)
união aberta
open union
união horizontal
horizontal union
união industrial
industrial union
união internacional
international union
união vertical
vertical union
unidade
unit
unidade compartilhada *(computação)*
shared drive *(computer)*
unidade de comando
unity of command
unidade de comércio
unit of trading
unidade de disco
disk drive *(computer)*
unidade de transação
trading unit
unidade modelo
model unit
uniformidade
consistency

urbano
urban
uso e desgaste
wear and tear
uso intensivo de pessoal
people intensive
uso não conforme
nonconforming use
uso preexistente
preexisting use
uso público
public use
usuário final *(computação)*
end user *(computer)*
usucapião de bem imóvel
adverse possession
usufrutuário
beneficial owner
usura agiotagem
usury
usurpar
encroach
utilidade do lugar
place utility
utilidade marginal
marginal utility
utilidade pública
utility
utilização conjunta
time-sharing
utilizador
user *(computer)*

V

vacante
vacant, unoccupancy
válido
valid
valor
worth
valor apurado
liquidated value
valor atual da anuidade
present value of annuity
valor atual de 1
present value of 1
valor atual no mercado
current market value
valor capitalizado
capitalized value
valor combinado
blended value
valor comparativo
comparable worth
valor contábil líquido
net book value
valor contábil
book value
valor da propriedade arrendada
leasehold value
valor da taxa
rate base
valor de amortização
written-down value
valor de empresa em funcionamento
going-concern value
valor de pouca cotização
wallflower
valor de raridade
scarcity value
valor de sucata
salvage value
valor declarado
stated value
valor econômico
economic value
valor em dólares LIFO
dollar value LIFO
valor em intercâmbio
value in exchange
valor esperado
expected value
valor hipotecário anual
annual mortgage constant
valor imobiliário isento de impostos
tax-exempt security
valor imputado
imputed value
valor intangível
intangible value, psychic income
valor intrínseco
intrinsic value
valor justo de mercado
fair market value
valor mais baixo
lower of cost or market
valor mínimo de variação de um contrato
tick
valor não negociado em bolsa de valores
unlisted security
valor neto negativo
deficit net worth
valor no mercado
market value
valor nominal
face amount, face value, par value
valor objetivo
objective value
valor p
p value

valor para o levantamento de empréstimo
loan value
valor patrimonial líquido
net asset value (NAV)
valor presente
present value
valor presente líquido
net present value (NPV)
valor real da moeda
real value of money
valor real de venda
actual cash value
valor realizável líquido
net realizable value
valor residual
residual value
valor reversível
reversionary value
valor temporal
time value
valores de transferência
pass-through security
valores flutuantes
floating securities
valores mobiliário estáveis
defensive securities
valores mobiliários
securities
valores sem certidão
book-entry securities
valores subjacentes
underlying security
valores superiores
senior security
vantagem absoluta
absolute advantage
vantagem diferencial
differential advantage
varejista associado
affiliated retailer
varejista especializado
specialty retailer
varejo de balcão
over-the-counter retailing
varejo
retail
variação cíclica
cyclic variation
variação
variance
variáveis independente
independent variables
variável
variable
variável ascendente
upwardly mobile
variável subscrita
subscripted variable
vazamento
spillover
velocidade
velocity
vencimento
maturity
vencimento à meia-noite
midnight deadline
vencimento original
original maturity
venda a descoberto
selling short
venda a domicílio
house-to-house selling
venda a prazo
installment sale
venda absoluta
absolute sale
venda ao varejo sem lojas
nonstore retailing
venda auxiliar
tag sale
venda condicionada
conditional sale
venda de terceiros
third-party sale
venda de títulos a descoberto
against the box
venda de um por cento
one-cent sale
venda discricionária de títulos
churning
venda especializada
specialty selling
venda forçada
forced sale

venda judicial
judicial foreclosure or judicial sale
venda ou intercâmbio
sale or exchange
venda pessoal
personal selling
venda pública
public sale
venda liquidação
sale
vendas diretas
direct sales
vendas líquidas
net sales
vendedor
salesperson
vendedor ambulante
huckster
vendedor fornecedor
vendor
verificação de antecedentes
background check
verificação focada
spot check
verificador ortográfico (computação)
spell checker *(computer)*
versão preliminar
exposure draft
véu corporativo
corporate veil
via hierárquica
line of authority
via rápida
fast tracking
vice-presidente
vice-president
vício oculto
latent defect
vida depreciável
depreciable life
vida econômica
economic life
vida útil
useful life
vidas úteis de referência
guideline lives
videoconferência *(computação)*
video conference *(computer)*
vínculo *(computação)*
link *(computer)*
violação ao contrato
breach of contract
violação de direitos autorais
infringement
violação de garantia
breach of warranty
violação do direito de invenção
patent infringement
violação infração lesão
violation
vírus *(computação)*
worm *(computer)*
vírus disfarçado como programa
Trojan horse *(computer)*
visível
manifest
visor de cristais líquidos *(computação)*
liquid crystal display (LCD) *(computer)*
vista de contorno *(computação)*
outline view *(computer)*
vistoriador
adjuster
visualização de tela completa
full screen display
visualização de tela completa *(computação)*
full screen display *(computer)*
vivendas em construção
housing starts
vivendas em grupo
cluster housing
volume
volume
volume total
total volume
vôo para a qualidade
flight to quality
votação cumulativa
cumulative voting
voto de greve
strike vote

voto estatutário	**voto secreto**
statutory voting	ballot
voto judicial fundamentos	
opinion	

WXYZ

wallpaper *(computação)*
wallpaper *(computer)*
(www) teia de alcance mundial *(computação)*
world wide web (www) *(computer)*
zona de comércio
enterprise zone

zona de comércio exterior
foreign trade zone
zoneamento
zoning
zoneamento de densidade
density zoning
zoneamento municipal
zoning map